Inke Hummel

Miteinander durch die Grundschulzeit

Beziehung stärken & gelassen begleiten
So schafft dein Kind den Schulalltag

humboldt

INHALT

In diesem Buch begegnen dir zwei Symbole und immer wieder. Folgendes verbirgt sich dahinter:

Impulse zum Weiterdenken
Sie sind das Richtige für dich, wenn du Lust hast, dich vertiefend weiter mit dem Thema zu befassen.

Praktische Ideen
Mit ihrer Hilfe kannst du jedes Thema umgehend im Alltag angehen.

KEINE ANGST VOR DER GRUNDSCHULZEIT

„Die erste Klasse entscheidet über den Rest des Lebens." Klingt übertrieben, aber viele Eltern spüren diesen Druck und du vielleicht auch. Das beschert dir Ängste, die sich leicht auf dein Kind übertragen können. Mit dem Tag der Einschulung entsteht an einigen Stellen eine Last, die eure Beziehung stressen kann. Dieser Druck kann sich durch alle Grundschuljahre ziehen. Das muss aber nicht so sein!

„Geht es meinem Kind gut? Entwickelt es sich gut? Und kann ich seinen Weg gut begleiten?" Diese Gedanken hast du dir sicher auch gemacht, als dein Kind im Baby- und Kleinkindalter war. Im Jugendalter wird es wieder ähnlich sein: Die Gedanken und Sorgen sind dann bei deinem heranwachsenden Kind, bei deiner Beziehung zu ihm und auch bei deinen eigenen Ressourcen. In all diesen Phasen sind deine Überlegungen im Grunde immer auf eure Familie bezogen: *„Ist mein Kind gesund? Kommt es zurecht? Wir Eltern auch? Wir alle gemeinsam?"*

Mit der Einschulung und dem Grundschulalter ist es ein bisschen anders. Ich berate Familien und mir sitzen oft Eltern von gerade 4-Jährigen gegenüber, die den ersten Brief vom Schulamt bekommen haben und deshalb ganz neue Ängste durchleben. Es taucht die neue Frage „*Wird mein Kind gut bewertet?*" auf. Der Blick geht raus aus der Familie. Wahrscheinlich kennst du das auch schon?

Weitere Fragen kommen dazu, die alle sehr nach außen gerichtet sind: „*Passt sich mein Kind an die Regeln an? Fällt es nicht auf? Welche Weichen muss ich jetzt schon stellen, damit ich ihm sein Leben nicht verbaue?*" Hast du dir diese Gedanken auch schon gemacht?

Wenn du genau hinschaust, wirst du merken, keine der Fragen schaut wirklich darauf, wie es deinem Kind und dir geht. Der Gedanke an Schule lässt alles andere schnell unbedeutender werden. Oft schon weit vor dem ersten Schultag. Ängste und Druck bergen die Gefahr, dass du dich als Elternteil von deinem Kind und eurer guten Beziehung etwas distanzierst. Vor Angst wegen möglicher Probleme im Schulsystem verlierst du schnell Fragen wie „*Ist mein Kind gesund? Kommt es zurecht? Wir Eltern auch? Wir alle gemeinsam?*" ein wenig aus den Augen.

Das Risiko ist hoch, dass du den gefühlten Druck an dein Kind weitergibst. Wenn dann nach dem Schulstart der Streit um Hausaufgaben wichtiger wird als eure Beziehung, kann es schnell passieren, dass du mit deiner Familie nicht mehr auf einem guten Weg bist, der von einer starken Beziehung lebt.

Schule ist mehr als der Lehrplan

Viele Ratgeber rund um das Thema Schule haben nur den Fokus, alles für gute Bewertungen zu tun: *„So lernt dein Kind lesen. So rechnen. So fügt es sich in die Klasse ein. So konzentriert es sich endlich.“* Das sind alles wichtige Felder, aber die Beziehung und das persönliche Wachsen deines Kindes im Grundschulalter haben dabei wenig Raum.

Auch dort, wo es keine institutionalisierte Schule gibt, bleiben Kinder zwischen 6 und 10 Jahren nicht einfach in ihrer Entwicklung stehen. Sie haben Entwicklungsaufgaben jenseits von ABC und Einmaleins, zum Beispiel gut zu kommunizieren, Verantwortung für bestimmte Bereiche ihres Lebens zu übernehmen oder mit anderen zu kooperieren.

Die Fragen danach, was dein Kind vor der Einschulung unbedingt können oder wissen sollte, haben zu oft nur diesen einen, leistungsorientieren Blick. Ob es die Schnürsenkel selbst binden kann, ob es den Stift richtig hält, ob es feste Schlafenszeiten hat, ob es bereits Mengen erkennen kann, ob es sich auf der Toilette perfekt abputzen kann, ob es schon mal gehört hat, wo die Babys wirklich herkommen, ob es schon mal woanders übernachtet hat – das sind typische Angaben in Aufzählungen dazu, was du deinem Kind vorab beigebracht haben solltest. Alle diese Gedanken sind nachvollziehbar und doch zweitrangig. Denn für alle diese Bereiche gibt es individuelle Lösungsmöglichkeiten. Dein Kind muss nicht perfekt ausgerüstet für alle Eventualitäten in die Schule kommen. Du brauchst dich nicht darum zu sorgen, dass es in jedem Moment die perfekte (und von dir vorgekaute) Lösung parat haben wird.

Was genau aber deine Aufgabe ist und was dein Kind benötigt, lernst du in diesem Buch. Damit du dein Kind immer gut im Blick hast und ihr im guten Miteinander durch die Grundschulzeit kommt. Was es hingegen schulisch nicht verpassen sollte, erfährst du in der Schule.

Beziehungsstärke statt Patentlösungen

Dein Kind braucht von dir mehr als Schleifenbinde-Training: dein Hinsehen, Hinspüren, Dasein, Zuhören, auch selbst Erzählen, deine Zeit. **Es braucht Beziehung.**

Dieses Buch wird dir zeigen, wie du das schaffen kannst. Wenn du dich um eine gute Beziehung bemühst und in eurer Familie gute Gespräche üblich sind, ist schon sehr viel gewonnen. Ich nenne das *Beziehungsstärke.* Dann könnt du und dein Kind Schule, Mitschüler und Mitschülerinnen, Lehrkräfte und Co. relativ gelassen auf euch zukommen lassen. Dein Kind wird sich nämlich stark und sicher fühlen sowie für viele Probleme Lösungsideen entwickeln können, weil es dich hinter sich weiß. Du wirst ihm dann sehr wahrscheinlich anmerken, wenn doch mal etwas nicht in Ordnung ist, und kannst reagieren.

> **Beziehungsstärke**
> ist eines der am häufigsten genutzten Wörter in meinen Beratungen. Ein Kind, das immer höflich „Guten Tag“ sagt, wirkt nach außen wohlerzogen, aber dahinter kann ein verängstigtes Kind stecken, das nur aus Druck und Angst höflich reagiert. Das ist keine gute Beziehung.
> Wichtig ist der Blick auf die darunterliegende Ebene, die alles trägt: Ist die Beziehung gut und stark? Ist die Eltern-Kind-Verbindung sicher und verlässlich? Dann handelt das Kind in dem Beispiel sicher auch leicht und gesund, nicht aus Angst. Auf der Grundlage guter Verbindung kann alles andere wachsen: zum Beispiel Höflichkeit beim Kind.
> Starke Beziehungen geben Kraft und ermöglichen gesunde Entwicklungen. Sei mit deinem Kind in guter, starker Beziehung! Dann könnt ihr vieles schaffen.

Bewältigungskraft statt Patentlösungen

Viel wichtiger, als dass dein Kind in jedem herausfordernden Moment eine Patentlösung weiß, ist es, dass es in der Schule einen starken Rücken und ein sicheres Gefühl im Bauch hat. Ich spreche hier von *Bewältigungskraft*. Damit kann deinem Kind eine kluge Lösung einfallen. Es wird sich nicht allein und hilflos fühlen, auch wenn es ohne dich in einer großen, fremden Menge oder aber einem kalten, einsamen Flur steht. Es wird deine Wärme im Herzen tragen, deine Stimme im Ohr. Und es wird wissen, dass du später am Tag da bist, und sich spätestens dann mit Hilfe alles lösen lassen wird.

> **Bewältigungskraft**
> ist der andere wichtige Begriff in all meinen Beratungen. Eltern möchten ein glückliches Leben für ihre Kinder und viele sind bereit, dafür unglaublich viel Kraft herzugeben. Leider geraten sie leicht auf einen überfürsorglich-verwöhnenden Weg und bemühen sich darum, ihrem Kind alle Probleme und Konflikte aus dem Weg zu räumen. Das behindert aber die gesunde Entwicklung ihres Kindes. Es lernt nicht, Herausforderungen zu bewältigen, Fehler zu machen und sich dann zu verändern, was aber wichtig für seinen Lebensweg wäre.
> Entscheidend ist Hilfe zur Selbsthilfe. Auch dein Kind braucht Unterstützung dabei, zu lernen, wie es Krisen bewältigen kann. Schenke ihm deshalb Bewältigungskraft!

Elternangst und Kinderangst

Es ist verständlich, dass du und andere Eltern euch Sorgen macht, sobald die Schule Thema wird. Das ist etwas Neues, etwas Großes. In der Regel wollen alle Eltern das Beste für ihr Kind. Auch du wünschst dir für deines vermutlich eine stressfreie Schulzeit, gute Noten, tolle Freundschaften, Spaß und später mal ein gutes Leben als Erwachsener. Weniger im Kopf hast du bisher wahrscheinlich die viel wichtigeren Bereiche wie die Beziehungsstärke und die Bewältigungskraft, die du gerade kennengelernt hast und die dir in diesem Buch immer wieder begegnen werden, sowie die drei Entwicklungsfelder Sicherheit, Gesundheit und Lernfreude. Mit meinem Buch lernst du, wie du dein Kind in allen fünf Bereichen stark machst.

Fünf große Ziele für die Grundschulzeit

1. **Beziehungsstärke**
   Begleite dein Kind zugewandt und beziehungsstark und unterstütze es in seiner Entwicklung. Denn wenn du distanziert und von oben herab mit ihm umgehst, werdet du und dein Kind Herausforderungen eher nicht nachhaltig lösen können. In diesem Fall fehlt es an Vertrauen.
2. **Bewältigungskraft**
   Dein Kind soll die Entwicklungsaufgaben meistern, die etwa im Alter zwischen 6 und 10 Jahren anstehen: Das sind die geistigen, an die du beim Wort Schule zuerst denkst, aber auch die sozialen und emotionalen. Denken, fühlen, mit anderen interagieren – reift dein Kind in diesen Bereichen gut, kann es sein Leben irgendwann gut allein bewältigen.
3. **Sicherheit**
   Dein Kind soll sich sicher fühlen, wenn es in die Schule kommt. Bindungssicher und voller Urvertrauen kann es dort wachsen und lernen.
4. **Gesundheit**
   Dein Grundschulkind soll seine Persönlichkeit frei entfalten können sowie bei allem körperlich und seelisch gesund bleiben.
5. **Lernfreude**
   Selbstverständlich soll es nicht gleich in der ersten Klasse die Lust am Lernen verlieren und sich dauernd von Bewertungen bedrängt fühlen. Diesen Gedanken kannst du dir über die Jahre immer wieder in Erinnerung rufen – und so mancher Lehrkraft auch. Ohne Lernfreude wird es hart.

> **Urvertrauen und Bindungssicherheit**
> entstehen in den ersten Lebensjahren, wenn die elterliche Begleitung gut genug ist und äußere Belastungen nicht zu stark. Dann nimmt dein Kind das Gefühl mit *„Ich bin sicher, nicht allein, meine liebsten Menschen sind gut zu mir.“* Dadurch fällt es ihm leicht, irgendwann ohne dich die Großeltern, den Kindergarten und auch die Schule zu besuchen.
> Dank der Stressforschung ist inzwischen außerdem klar, wie eng (Bindungs-)Sicherheit mit Stressempfinden und Lernen verknüpft ist: Wenn dein Kind bindungssicher ist, seine Eltern hinter sich weiß, kann es mit Stress und Herausforderungen besser umgehen und ist zum Beispiel auch offener fürs schulische Lernen.

Beziehungsstärke. Bewältigungskraft. Beides ist miteinander verbunden. Bewältigungskraft wächst in der guten Beziehung zu dir. Dann muss dein Kind keine Angst vor der Schule haben oder du kannst sie gut begleiten, damit sie kleiner wird. Auch du musst keine Angst haben, denn du lernst ja jetzt, welche Aufgaben anstehen und wie du eine hilfreiche Begleitung sein kannst.

Aber häng den Satz *„Ich muss dafür sorgen, dass mein Kind ...“* nicht zu hoch. Das kann dir wieder Druck machen.

„Ich möchte mit meinem Kind gut in Beziehung sein. Ich kann ihm helfen.“ – Diese Sätze fühlen sich viel leichter an. Gegen Sorgen helfen vor allem Wissen und Vertrauen. So könnt du und dein Grundschulkind alle Aufgaben meistern.

Fünf Ziele: Beziehungsstärke, Bewältigungskraft, Sicherheit, Gesundheit, Lernfreude. – Du siehst, Mathematik und Sachkunde kommen in der Aufzählung gar nicht vor. Lesen zu lernen ist wichtig, rechnen zu können ebenso, aber andere Bereiche auch. Und zwar grundlegend. Der Preis für alles sollte stimmen und Schule nicht zur Belastung für die Eltern-Kind-Beziehung werden. Ihr habt einen entspannten Alltag verdient.

In diesem Buch zeige ich dir, wie sich deine Elternrolle verändert, wenn dein Kind ins Grundschulalter kommt, wie du es in starker Beziehung durch den typischen Alltag begleitest und wie du mit speziellen Situationen umgehen kannst, die auf dem Weg deines Kindes zum Problem werden können. In Beziehung lassen sich Herausforderungen leichter tragen.

IM HIER UND JETZT BLEIBEN

Geh als Elternteil die Schwierigkeiten an, die im Moment da sind, nicht diejenigen, die in einigen Jahren mal auftauchen werden. Das macht dich gelassen und eure Beziehung unbelasteter.

Den Eltern der 4-jährigen Kinder in meinen Beratungen sage ich übrigens etwas Ähnliches: *„Nur weil euer Kind jetzt schüchtern ist, muss das nicht bedeuten, dass es sich mit 6 Jahren nicht trauen wird, ein Klassenzimmer zu betreten."* Oder: *„Nur weil euer Kind zurzeit noch bei jeder Schwierigkeit aufgibt und ausrastet, muss das überhaupt nicht bedeuten, dass die Schulzeit eine Katastrophe wird. Es ist erst 4, es hat noch Zeit."*

Mag dein Kind noch gar nichts vom Schulthema hören oder ist sehr aufgeregt oder verängstigt, kann mein Vorleseratgeber „Ups, ich komme in die Schule" vielleicht genau das richtige Buch für euch sein. Mit Wildhilda könnt ihr über alle Gefühle ins Gespräch kommen, die rund um das Thema Einschulung auftauchen können – und oben drauf gibt es viel zu lachen.

Schulreife

Hast du noch ein Kindergartenkind, liest dieses Buch im Voraus und machst dir Gedanken dazu, ob dein Kind schulreif ist? Vielleicht weil es riesige Vorfreude auf die Schule zeigt und es sein großer Wunsch ist, endlich ein Schulkind zu werden? Seine Freude ist toll und macht erst einmal vieles leichter. Seine bloße Schullust macht es aber noch nicht schulreif.

Hinter der Vorfreude kann nur stecken, dass dein Kind die Schule durch ältere Kinder kennt, deren coole Klassenkameraden mag oder den abenteuerlichen Schulhof oder die riesige Turnhalle erkunden will. Oder dass es schon seit Jahren in die gleiche Kita geht, langsam die Nase voll davon hat und voller Neugier auf das nächste Kapitel ist.

Es kann auch sein, dass ihm die Erwachsenen in seinem Umfeld vermitteln, wie toll Schule sei und auch, dass das Schulkindsein etwas „Besseres" sei als das Kindergartenkindleben: *„Dann bist du endlich groß!"* So kann die Lust in deinem Kind natürlich wachsen und echt sein, was eine großartige Voraussetzung für den Schulstart ist. Aber die Lust oder der Wunsch allein sagen leider nichts darüber aus, ob dein Kind auch so weit ist.

Kann-Kind

Denkst du über eine Kann-Kind-Einschulung nach – ein Jahr bevor dein Kind eigentlich schulpflichtig wäre? Dann nimm es ernst, wenn dein Kind Vorfreude zeigt, aber dieses Gefühl sollte niemals allein entscheidend sein. Denn was der Wunsch tatsächlich mit sich bringen würde, weiß dein 5-jähriges Kind auf gar keinen Fall.

Unser Schulsystem ist nicht nur ein Geschenk, bedeutet nicht nur Bildung für alle und ein fröhliches Schulkind-Leben. In die Schule zu gehen, heißt auch:

- weniger Spielzeit
- mehr kooperieren müssen
- Impulse besser kontrollieren müssen
- anstrengendere Tage
- Hausaufgaben
- Freundschaften, die zu Ende gehen
- Zeitdruck
- Konkurrenzdruck
- Bewertungsdruck

Das kann dein Kind nicht überblicken. Die Verantwortung für die Entscheidung kannst du nicht abgeben, egal was dein Kind sich wünscht.

Klar, ein weiteres Kindergartenjahr kann für dein Kind und auch für dich in der Begleitung herausfordernd werden, wenn es sich an dem Ort langweilt. Aber ein frühes erstes Schuljahr kann nicht nur in diesem einen Jahr eine starke Belastung sein. Es kann in der Folge während der ganzen Schulzeit zu Stress führen, beispielsweise wenn alle in der Klasse pubertär werden, aber dein Kind noch absolut verspielt ist.

Für die Schulreife ist schon lange nicht mehr das einzige Kriterium, motorisch und kognitiv in der Lage zu sein, schreiben und lesen zu lernen. Fähigkeiten im Bereich Konzentration, Motivation und Sprache kommen hinzu, aber besonders auch im Bereich soziales Verhalten:

- Ist dein Kind imstande, häufig mit Gleichaltrigen zu kooperieren, zu diskutieren und in Konflikten Lösungen zu finden?
- Mag es freiwillig helfen, trösten und unterstützen, dass eine Gruppe gut zurechtkommt?

Dann hat es diese sozialen Skills und diese Bewältigungskraft sicher in Beziehungsstärke mit dir entwickelt. Sie sind die besten Grundsteine, um Schullust um das zu ergänzen, was für die Schulreife notwendig ist.

Muss-Kind

Muss dein Kind zur Schule, aber du sorgst dich, dass es noch nicht komplett schulreif ist? Wenn dein Kind kein Kann-Kind ist und die Einschulung dank Geburtsdatum nicht mehr warten kann, ist es möglich, dass einer der oben genannten Bereiche trotzdem noch sehr ausbaufähig ist. Dennoch wird es wahrscheinlich in die Grundschule geschickt, wenn zur Schulreife nichts Gravierendes fehlt.

Auch dann sind die Beziehungsstärke und die Bewältigungskraft, die dein Kind durch dich erwirbt, das entscheidende Fundament, um im neuen Alltag gut zurechtzukommen und alle wichtigen Entwicklungsschritte zeitnah gehen zu können.

SCHULWAHL

Manchmal hast du den Eindruck, die Auswahl der richtigen Grund- und später auch weiterführenden Schule gleicht einer Doktorarbeit. Lass dich von diesem Trend nicht mitziehen. Herausforderungen gibt es überall. Kurze Wege und ein erstes gutes Bauchgefühl sind ganz gute Kriterien. Schau dir alles an, fühl die Atmosphäre und frag Kinder, die zu der jeweiligen Schule gehen. Das ist wichtiger als auf Tratsch von irgendwem zu hören. Vermeiden, dass der Ort möglicherweise ein schwieriger wird, kannst du aber nie vollkommen.

KEINE ANGST VOR DEINER NEUEN ELTERNROLLE

Mit einem Baby oder Kleinkind waren deine Aufgaben ziemlich klar. Du hast auf seine Ernährung, seine Gesundheit und seinen Schlaf geachtet. Es konnte laufen und sprechen lernen. Du hast ihm Sicherheit und Nähe gegeben und es im Kleinen ermutigt, eigenständig zu handeln und mit anderen Menschen zurechtzukommen. Aber welche Aufgaben hast du nun?

Dein Kind wirkt immer noch klein und hilfsbedürftig, andererseits aber doch irgendwie groß und soll plötzlich auch einen großen Teil des Tages mit ganz neuen Herausforderungen ohne dich bewältigen. Schon im Kindergarten wirkte es am Ende fehl am Platz: so groß im Vergleich zu den Kitaneulingen und ab und zu lustlos in den seit Jahren gewohnten Räumen.

Ja, spätestens ein halbes Jahr vor dem Schulstart spüren die meisten Eltern (und ihre Kinder), dass sich etwas ändert. Du musst mit deinem Kind zur Schuleingangsuntersuchung im Gesundheitsamt und zur Anmeldung in der Grundschule. Das sind oft die ersten Termine, bei denen dein Kind ohne deine Begleitung mit Fremden sprechen oder sich untersuchen lassen soll.

Loslassen wird ein Thema. Manchmal geht das ganz leicht: Dein Kind hat Lust und quatscht die Amtsärztin voll. Du kannst lächelnd im Flur sitzen und hörst stolz durch die Tür zu, wie es das meistert. Manchmal ist es schwieriger. Dann mag dein Kind nicht in den Raum, ist still und besorgt. Und dir geht es ähnlich. Im Kindergarten war noch alles so familiennah. Das wird nun anders.

Gegen Angst und Sorgen helfen Informatzion und Pläne, damit du nicht in einem Ohnmachtsgefühl stecken bleibst. Wichtig ist dabei zu unterscheiden, wer die Bedenken hat: du und das Kind, nur das Kind oder nur du? Wenn du dir viele Gedanken machst und das Bedürfnis hast, viel zu reden und zu überlegen, drück das nicht einfach deinem Kind auf. Sortiere deine Sorgen mit anderen Erwachsenen. Halte sie von deinem Kind fern. Horche nach, ob es selbst Ängste hat, die Begleitung brauchen. Sogar ganz schüchterne Vorschulkinder gehen am ersten Schultag oft breit grinsend, stolz und interessiert in ihren Klassenraum. Manchmal ist es gut, wenn deine Gedanken nicht bei deinem Kind landen.

KINDERANGST

Alle Vorschulkinder kennen das: Gefühlt jeder Erwachsene spricht sie darauf an, dass sie bald in die Schule kommen. *„Hast du schon einen Ranzen?“*, *„Das wird so toll, wenn du Papa endlich etwas vorlesen kannst!“* oder auch *„Na, mach dich mal auf den Ernst des Lebens gefasst!“*

Nicht alle Kinder gehen locker damit um. Wie auch? Wenn man Erwachsene auf die große Veränderung nach der Verrentung anspricht, können die sich ja auch kaum vorstellen, wie es werden wird. Und dein 5-jähriges Kind kann sich noch deutlich weniger ausmalen, wie der neue Alltag aussehen könnte.

Manche Kinder leben ganz im Gefühl der Vorfreude, und die darfst du mit deinem Kind feiern, wenn sie sich zeigt. Aber wenn es deinem Kind nicht so geht, braucht es deine Unterstützung. Seine Sorge oder auch Unlust ist verständlich.

Mag es sich gar nicht für Gespräche über die Schule öffnen, dann lass ihm diesen Wunsch. Die Einschulung kommt so oder so, dann könnt ihr entstehende Fragen zum Schulalltag klären. Aber über Gefühle solltest du mit deinem Kind sprechen. Angst und Unlust kannst du ohne Bezug zur Schule thematisieren: Kennst du sie auch? Woher? Wie gehst du damit um? Was kann dein Kind sich davon mitnehmen?

Bevor die Schule aber überhaupt startet, steht der Abschied vom Kindergarten an. Dein Kind braucht einen leichten Übergang zum neuen Lebensabschnitt. Input dazu bekommst du im Kapitel „Abschied und Vorfreude“ ab S. 40.

Deine neue Aufgabe

Im Grundschulalter braucht dein Kind deine Begleitung, um in mehreren Bereichen reifen zu können. Vieles ist neu und schwierig für dein Kind. Hier zeige ich dir schon mal, welche Entwicklungsaufgaben anstehen.

Dein Kind sollte/wird …

- ein realistisches Selbstbild formen.
- lernen, mit Bewertungen zurechtzukommen.
- sprachlich und intellektuell reifen.
- mit Gefühlen besser umzugehen lernen.
- mit neuen Rechten und Pflichten zurechtkommen.

- sich immer unabhängiger fühlen und mit neuen Wegen, Zeiten, Räumen oder Medien klarkommen.
- gleichaltrige und andere Personen außerhalb der Familie höher gewichten.
- sich mehr Gedanken zu seiner Geschlechterrolle machen.
- eigene Moralvorstellungen ausbilden.
- sein eigenes Weltbild formen.
- motorisch und körperlich reifen.

Es beschäftigt sich mehr mit sich selbst, geht mehr von dir weg, auch zu anderen hin, und wird ein Mensch mit mehr Wissen, Meinung und Individualität. In vielem ist das noch überschaubar, denn schließlich hast du noch keinen Teenie vor dir.

Dennoch ist es notwendig, dass du dich in deiner Elternrolle neu aufstellst. Du bist der Elternteil in der Beziehung und immer noch sehr in der Verantwortung, aber immer mit dem Ziel, Hilfe zur Selbsthilfe zu geben (Beziehungsstärke und Bewältigungskraft).

Das heißt, deine Aufgabe ist Begleitung, die viel Platz für dein Kind, seine Gedanken und die oben aufgezählten Entwicklungsaufgaben lässt. Außerdem sollte es durch dich lernen, wie es vermehrt auch allein Herausforderungen regeln kann.

Eure neue Beziehung

Du siehst, dass das Grundschulalter eine Veränderung auf sehr vielen Ebenen ist. Die Einschulung gibt oft den Anstoß für neue Entwicklungsschritte, denn dein Kind geht ein bisschen weiter hinaus in die Welt als bisher.

Du warst bislang Schutz und Halt und hast deinem Kind seine direkte Umgebung erklärt. Eure Beziehung wird sich nach und nach verändern. Vielleicht hast du das schon im Vorschuljahr gemerkt, weil dein Kind unzufriedener war und eigenständiger sein wollte. Ich zeige dir, wo der Weg hingeht, damit du sicher Schritt halten kannst.

Mehr Loslassen

Gib immer noch Halt und Nähe, aber lass auch viel mehr los. Das ist nicht nur konkret räumlich gemeint, weil du weniger ins Schulleben involviert bist als in den Kitaalltag. Nein, es ist viel allgemeiner gedacht: Loslassen bedeuten in diesem Fall zutrauen, vertrauen, Spielräume lassen. Wenn du deinem Kind nach und nach mehr Verantwortung überträgst (ein eigener Haustürschlüssel, allein einkaufen, selbstständig die Freizeit planen und mehr), kann es Selbstvertrauen entwickeln. Es wird sich stark, sicher und geliebt fühlen. Ihm wird es mit der Zeit leichter fallen, Entscheidungen zu treffen oder auch mit Fehlern umzugehen. Mit eurer Beziehungsstärke im Rücken und der wachsenden Selbstsicherheit kann dein Kind im Umgang mit Gleichaltrigen auch wahrscheinlicher Nein sagen und Gruppendruck widerstehen.

Wie geht das? Dein Kind benötigt Zutrauen von dir. Du bleibst Beschützer oder Beschützerin und Anker in eurer Beziehung. Aber du komm auch immer wieder aus deiner Komfortzone heraus und trau deinem Kind etwas mehr zu, als du spontan dachtest. Dann könnt ihr miteinander wachsen.

Beispiel: Mit der Einschulung ergibt sich erstmals die Situation, dass dein Kind an einem Wochentag zwei Stunden allein zu Hause sein muss, bis du kommst. Das fühlt sich ungut an? Total verständlich. Schau hin: Warum macht dir das Sorgen? Was könnte schlimmstenfalls passieren? Wie käme dein Kind mit dem Notfall zurecht? Baut möglichen Problemen ein bisschen vor und wagt dann den neuen Schritt. Seht nicht den ganzen Berg, der zu schaffen ist, sondern nur den nächsten Schritt. Das gibt Bewältigungskraft.

Wichtige Erkenntnisse fasse ich dir in diesem Ratgeber zusammen. Sie sind mit Herzchen markiert. Du kannst dir den einen oder anderen Satz für dich auf einem Blatt notieren und es dir als Erinnerung aufhängen, wenn dir etwas davon besonders schwerfällt. Zum Beispiel wenn du nicht gut annehmen kannst, dass dein Kind das heimische Nest in kleinen Schritten verlässt, oder aber wenn sein Verhalten sehr herausfordernd und stressend für dich ist. Die Erinnerung hilft dir dabei, dich immer wieder auf Beziehung einzulassen. Du musst nicht hart und autoritär werden.

Du traust deinem Kind zu, Herausforderungen zu bewältigen.

LOSLASSEN

Gibt es Aufgaben, die du bislang immer für dein Kind übernommen hast, die andere Kinder aber schon allein erledigen? Nervt dich das oder signalisiert dein Kind, dass es sie gerne eigenständig übernehmen würde? Fang damit an: Lass los. Übergib Verantwortung.

Wenn es dir schwerfällt, sprich mit deinem Kind offen darüber, was dich daran sorgt. Findet kleine Schritte, damit der große Schritt gelingen kann. Hilfreich ist oft die Frage: „*Warum eigentlich nicht?*"

Mehr Platz für dein Kind

Du bist immer noch ein wichtiges Vorbild für dein Kind und wirst es sehr wahrscheinlich auch in der Pubertät noch bleiben, obwohl das kaum ein Teenie jemals zugeben würde. Dennoch wird es als Grundschulkind langsam mehr zu sich selbst finden, anstatt dir einfach vieles nachzuahmen. (Das Ergebnis kann sein, dass es im Erwachsenenalter dennoch vieles wie du machen wird, aber nach reiflicher Überlegung.)

Wie geht das? Dein Kind braucht in eurer Beziehung mehr Platz für sich. Gib ihm diesen. Nicht nur durchs Loslassen, sondern auch indem du deinem Kind Raum lässt...

- es selbst zu sein.
- im Kleinen groß sein zu üben.

Schon im Kleinkindalter hast du sein Wesen bemerkt und ihm sicher dabei geholfen, schüchtern, wild oder eben einfach so zu sein, wie es ist. Jetzt wird es immer wichtiger, dass dein Kind auch in seinen Interessensbereichen sein darf, wie es ist. Gerade mit der Einschulung zieht wieder sehr viel Fremdbestimmung in ein Kinderleben ein und dein Kind muss sich vielleicht mit Sachkunde beschäftigen, obwohl es am liebsten den ganzen Tag nur zählen würde. Lass ihm deshalb die Chance, in seiner Freizeit selbstbestimmt Interessen nachzugehen.

Beispiel: Du bist sehr musikalisch und hast dein Kind bisher gern mitgenommen in die Welt aus Klängen, Stimmen und auch Tanz. Dein Kind war vor Kurzem mit einem Freund oder einer Freundin allerdings auf einer Jugendfarm zu Gast und will seine Zeit nun am liebsten nur noch mit dem Versorgen von Tieren und Bauen von Bretterbuden verbringen. Nimm es an, wenn sein Weg sich jetzt ändert. Die Zeiten in Musikkursen waren dennoch nicht „umsonst". Investiere Beziehungszeit, um zu sehen und zu verstehen, was dein Kind beschäftigt. Auch wenn die Themen dich nicht so packen. Bislang hast du deinem Kind die Welt gezeigt. Nun wird sich das immer mehr umkehren.

Du lässt deinem Kind Platz für eigene Entscheidungen.

RAUM FÜR DEIN KIND

An welcher Stelle hat dich gepiekt, dass dein Kind etwas anders sieht oder etwas anderes machen will als du? Beginne dort. Gib ihm Raum, sich auszuprobieren. Auch wenn dabei etwas schiefgehen sollte. Füg dich mal seinen Entscheidungen und Wünschen. Dein Kind muss es umgekehrt oft genug tun und unheimlich viel kooperieren.

Mehr Reden

Im Baby- und Kleinkindalter fand der Austausch zwischen dir und deinem Kind oft ohne viele Worte statt. Ihr habt gezeigt, gekuschelt, gespielt. Mit wachsendem Wortschatz wurde das Miteinander sicher an vielen Stellen leichter, weil du endlich verstanden hast, dass dein Kind eine Banane wollte und nicht singen, als es auf seinen Mund zeigte. Dennoch blieb für dein Kind das Nonverbale sehr wichtig: Guckst du nett, berührst du es lieb? Gerade die Streicheleinheiten fallen auch jetzt sicher nicht komplett weg, aber an manchen Stellen schon. *„Hand in Hand durch die Stadt? Hm, mal gucken."*

Miteinander zu sprechen, wird dafür wichtiger. Ihr werdet im Grundschulalter immer mehr reden, oft nicht mehr konkret auf das Hier und Jetzt bezogen: *„Was könnte sein? Wie wäre es, wenn …?“* Dein Kind wird für sich spüren, dass Reden ihm oft besser dabei hilft, die Welt zu verstehen und Geschehenes zu sortieren, als Spielen. Das Spiel war in den ersten Jahren das Mittel der Wahl. Jetzt braucht es dich zum Quatschen.

Wie geht das? Eure Beziehung wird reifer. Das Reden kann euch noch mehr verbinden und auch dabei helfen, einander noch besser kennenzulernen. Dafür braucht es Zeit: Gelegenheiten, bei denen du und dein Kind reden könnt, obwohl die Tage noch vollgepackter sind durch die Schule. Ein Kind, dem du zuhörst, dem du offen und altersgerecht antwortest, wird sich kompetenter im Umgang mit Gleichaltrigen oder auch Lehrkräften und dem Leben allgemein fühlen.

Hörst du deinem Kind wirklich zu und sprecht ihr häufig miteinander, bist du sicherlich auch in der Schule immer ganz dicht dabei, obwohl du selbst nicht dort bist. Du erfährst vieles oder kannst zumindest spüren, wie die Lage dort ist. Ihr seid beziehungsstark.

Auch bei Unstimmigkeiten kann das Reden euch nun immer besser helfen. Wenn ihr miteinander Lösungen sucht, wächst dein Kind und kann auch an anderer Stelle Kompromisse finden, sinnvoll diskutieren und helfen. Es kann bewältigen. Würdest du dein Kind im Streit beschämen und beschuldigen, anstatt Lösungen und Kompromisse zu suchen, triebe das einen Keil in eure Beziehung und würde auch gutes Konfliktlösen mit anderen Menschen behindern. Frag: *„Wie konnte es dazu kommen? Was könnten wir verändern? Was wünschst du dir? Verstehst du, warum ich mir das so vorstelle?“*

Beispiel: In den letzten Jahren hat dein Kind sich nach anstrengenden Tagen zurückgezogen und etwas Ruhiges gespielt. Du musstest immer viel Rätsel raten, was hinter dem Verhalten steckt. Langsam habt ihr die Chance, im gemeinsamen Gespräch immer besser herauszufinden, was in deinem Kind los ist. Endlich!

Du sorgst für zahlreiche Gesprächssituationen.

ZEIT FÜR GESPRÄCHE

Gibt es einen festen Moment pro Tag, in dem ihr gut miteinander reden könnt? Das muss keine halbe Stunde sein, aber ungestörte Minuten. Sonst schau mal, wo solch ein Ritual Platz hätte. Mit Kakao oder Tee, mit Kuscheln oder während ihr einander anschaut. Hausaufgaben und Aufräumen sollten nicht die Themen sein. Grundschulkinder leiden darunter, dass ihre Eltern mit ihnen zu viel über Pflichten sprechen. Frag stattdessen zum Beispiel, was dein Kind zuletzt geärgert hat oder was/wen es zuletzt nicht verstanden hat. Kommt dahin, dass ihr so etwas von unten, von oben, von außen, ganz neu betrachtet.

Weiter im Miteinander

Wenn du schon vor der Grundschulzeit viel Wert auf eure Beziehung gelegt hast, wird sich da nicht viel verändern. Respekt, Augenhöhe, Vertrauen, Mitgefühl, Straffreiheit – all diese Grundpfeiler einer guten Eltern-Kind-Verbindung sind gleich, egal ob du mit einem Kleinkind, einem Teenie oder eben einem Grundschulkind umgehst.

Aber die Themen werden andere. Mit deiner 3-Jährigen diskutierst du über den Umgang mit Lebensmitteln, mit dem 16-Jährigen eher über den Umgang mit Alkohol. Und ab 6 Jahren wird es viel um die Schule gehen. Finde für dich einen Weg, um deinen Blick bei deinem Kind behalten zu können, anstatt zu sehr auf Noten und gesellschaftliche Erwartungen zu schauen. Das macht Miteinander aus!

Wie geht das? Zum guten Miteinander gehört „Aktives Annehmen“: Hinsehen und akzeptieren, wer dein Kind ist, was es ausmacht, was es kann, was ihm schwerfällt. Und nur da ein Problem zu sehen und anzugehen, wo dein Kind oder ihr als Familie einen Leidensdruck spürt.

Aktives Annehmen

Vielen Eltern hilft ein von mir geprägter Begriff – **das „Aktive Annehmen“**. Er bringt auf dem Punkt, was schwierige Situationen zwischen dir und deinem Kind ganz einfach auflösen kann: Es geht um mehr Gelassenheit, die eurer Beziehungsstärke guttut. Und es geht ums Aktivwerden – um die **Bewältigungskraft** (S. 12) also.

Annehmen meint, konkret zu verstehen und zu akzeptieren, was dein Kind und du mitbringt, zum Beispiel, dass du ein besonders wildes Kind hast oder dass dir selbst der Umgang mit Wut schwerfällt. Es ist so. Nimm es an.

Aktiv bedeutet, gleichzeitig zu schauen, was du in der Sache tun kannst, zum Beispiel Unterstützung suchen, um deinem Kind besser zu helfen, mit seiner Wesensart zurechtzukommen. Oder aber um dir zu helfen, weniger schnell aufzubrausen. Es muss nicht so bleiben wie bisher. Geh es an.

Gutes Miteinander bedeutet auch, im Umgang mit deinem Kind nicht zu streng und auch nicht zu eng zu sein:

- Nicht autoritär zu kontrollieren, aber auch nicht zu grenzenlos und konfliktscheu zu sein.
- Nicht drohend, aber auch nicht mit überbordender Fürsorge zu handeln.

- Nicht von oben herab zu reagieren, auch nicht, wenn es noch so liebevoll säuselnd verpackt ist.
- Nicht zu viel zuzumuten und nicht zu viel abzunehmen.

Es zählt der Mittelweg: zugewandt und mitfühlend fordern und fördern. Beziehungsstark sein!

Ein Kind, das schon im Kleinkind- und besonders im Vorschulalter Mitgefühl spürt und im guten Miteinander mit dir ist, kann auch selbst eher mitfühlend und beziehungsstark handeln. Es ist eher sozial und zugewandt. Es spürt wahrscheinlich gut, was okay ist und was nicht, und kann zwischenmenschliche Spielregeln akzeptieren. Es wehrt sich eher respektvoll, aber auch bestimmt gegen Ungerechtigkeiten. Es hinterfragt Aufgaben und Bestrafungen, aber erledigt mündig, was ihm als sinnvoll beschrieben wurde.

Gutes Miteinander bedeutet auch, wohlwollend zu bleiben. Egal wie gemein ein Verhalten deines Kindes wirkt, such seinen guten Grund dahinter. Das ist einer der wichtigsten Beziehungsschlüssel, die du hast. Erwartest du, dass dein Kind dich bösartig hintergehen oder stressen will, ist das keine Basis dafür, mit ihm in gutem Miteinander zu bleiben.

Der gute Grund

Pädagogische oder psychotherapeutische Fachkräfte arbeiten mit dem **Konzept vom guten Grund.** Kinder entwickeln bestimmte Verhaltensstrategien, die es ihnen möglich machen, Belastungen zu ertragen. Welche Strategie sie nutzen, hängt von ihren Fähigkeiten, ihren Bedürfnissen und Lebensumständen ab. Sie haben einen guten Grund für ihr Verhalten. Es ist nicht niederträchtig.

Im Kindesalter sind diese Strategien nicht selten mit Aggressionen verbunden, denn sie haben noch nicht gelernt, ihre Gefühle in Worte zu verpacken, um beispielsweise sofort ins Gespräch zu gehen und zu sagen: *„Du, Mama, wir haben heute so viel gestritten. Hast du mich noch lieb? Können wir uns mal in den Arm nehmen?“*

Beispiel: Schaut dein Kind dich nach einem konfliktreichen Tag durchdringend an, während es die volle Salatschüssel vom Tisch schiebt, sodass sie zu Boden fällt, fühlst du dich wahrscheinlich zuerst provoziert und ungerecht behandelt. Aber dein Kind ist nicht politisch aktiv und will gezielt die Staatsmacht provozieren. Es möchte Sicherheit, Nähe und Kontakt, denn das ist sein emotionales Bedürfnis. Auf dieser Basis kannst du auf dein Kind zugehen: *„Was ist denn los? Hattest du einen doofen Tag?“* Trotzdem kannst du klarmachen, dass sein Verhalten nicht in Ordnung ist, sowie dein Kind auffordern, mit dir gemeinsam den Salat zu retten: *„Ich nehme dich jetzt mal in den Arm, aber dann müssen wir das gemeinsam aufräumen. Es ist zu schade um den Salat.“* Ihr bleibt im Miteinander. Würdest du dein Kind als bösartig sehen, wäre die Situation schwer einzufangen. Du würdest schimpfen und strafen, dein Kind beschämen. Es hätte keine Chance, sein Bedürfnis nach Nähe erfüllt zu bekommen und gesund zu kooperieren.

Dein beziehungsstarkes Miteinander mit deinem Grundschulkind kann eure gute Beziehung aus den Jahren davor erhalten, egal wie heftig der Wind euch nun um die Nase weht. Spannend ist, dass Kinder zwischen 6 und 10 Jahren mehrheitlich sehr deutlich sagen, dass sie sich mehr Zeit mit den Eltern wünschen. Bohrt man genauer nach, geht es nicht um acht statt zwei Stunden, sondern um die Aufmerksamkeit: mehr zugewandte, innige Zeit.

Beispiel: Dein Kind hat nicht für einen Test gelernt und bringt eine 6 mit nach Hause. Beschämst und beschimpfst du es, werden Stress und Lernbereitschaft nicht zunehmen, dafür aber die Distanz zu dir. Nimmst du dein Kind nur in den Arm und meckerst über die schweren Aufgaben der Lehrkraft, erfährt dein Kind Trost, aber lernt nichts fürs nächste Mal. Am besten ist der dritte Weg: Tröstest du es, aber schaust auch mit ihm hin, wieso es das Lernen vergessen hatte und wie das in Zukunft besser laufen kann, begegnest du deinem Kind liebevoll schubsend.

Es spürt Nähe und Sicherheit, aber erhält auch Hilfe zur Selbsthilfe – Bewältigungskraft. Du gibst deinem Kind Halt und Orientierung.

Du bleibst interessiert und zugewandt. Du erhältst dir deine beziehungsorientierte Haltung.

VERBINDUNG IM STREIT

Denk an euren letzten Konflikt. Wahrscheinlich siehst du zuerst, was dein Kind anders machen sollte (nicht gleich hauen) oder auch, was du ändern willst (nicht so viel schreien). Aber denk mal neu: Was müsst ihr gemeinsam anders machen im Streit?

Geht als erstes in Beziehung, findet wieder zueinander. Sonst kann sich keiner von euch beiden verändern und ihr könnt auch keine gute Lösung finden. Denn wenn es nur gegenseitige Vorwürfe hagelt, erfährt niemand, was die andere Seite braucht.

Gibt es schon ein Wort, einen Satz oder eine Geste, die euch im Konflikt daran erinnert, dass Beziehung vor Lösung steht? Wenn nicht, sucht gemeinsam danach: zum Beispiel eine Hand reichen, den Arm streicheln, näher zum anderen gehen.

Mehr Platz für dich

Du hast erfahren, dass dein Kind mehr Raum für sich bekommen soll, du es mehr loslassen solltest und ihr mehr im Reden klären könnt. Das klingt schon leichter, als es die ersten Jahre war. Für dein Kind bedeutet diese Entwicklung auch Abnabelung. Doch was ist mit der anderen Seite der Beziehung? Was ist mit dir? Na, wenn dein Kind sich mehr loslöst, wird auch der Platz wieder größer, den du einnehmen kannst.

Wie geht das? Du darfst dir mehr Raum nehmen – aber fühlst dich damit vielleicht noch unsicher. *„Darf ich das?"*, fragen sich nicht wenige Eltern, die ihr Kind in den Jahren vor der Einschulung intensiv begleitet haben. Manchmal klopft da ein Schuldgefühl an. Das ist nicht gerechtfertigt. Es wird sicher ohnehin noch eine ganze Weile ein Hin und Her bleiben: mehr Nähe, mehr Freiraum und wieder mehr Nähe. Du bleibst in ganz vielen Bereichen wichtig. Dein Kind ist noch lange keine erwachsene Person und noch nicht mal ein Teenie.

Aber jeden Millimeter, den es sich in die Welt hinauswagt, darfst du für dich besetzen mit Selbstfürsorge, gesundem Egoismus, deinen Interessen und Beziehungen. Und wenn du spürst, dein Kind braucht dich doch wieder mehr, geht es in eurer Beziehung wieder einen Schritt zurück.

Genauso wirst du manchmal merken, dass dein Kind schneller einen Schritt nach vorne will als du gedacht hast. Frag dein Kind, ob es mehr Nähe, Hilfe oder mehr Loslassen benötigt, wenn du unsicher bist. Mein Vorleseratgeber „Ups, ich bin schüchtern" kann euch hierbei oder in anderen Situationen unterstützen, wenn dein Kind manchmal Hemmschwellen hat, Neues zu wagen oder für sich einzustehen. Die Hauptfigur Nana in dem Buch nimmt euch hilfreich an die Hand.

ANHÄNGLICHKEIT

Vielleicht hast du auch ein Kind, das anhänglicher ist als andere, als „der Durchschnitt“, als die Kinder in eurem Bekanntenkreis, in der Verwandtschaft oder die Kinder der Menschen, die in eurem Umfeld gerne vergleichen. Und vielleicht bist du nicht so selbstsicher und es macht dich unruhig, dass dein Kind da anders ist. Du fragst dich, ob alles gut werden wird. Ich glaube daran, dass sich alles gut entwickelt, wenn du nah an deinem Kind bist, ihm Zeit gibst, hinschaust, was es schon kann, und es nicht dauerhaft kleinhältst oder aber überforderst. Mute ihm kleine Schritte zu. Dann hat auch dein Kind irgendwann breite Flügel auf dem Rücken, marschiert ohne dich los und ist bewältigungskräftig!

Beispiel: Du möchtest ein Wochenende allein wegfahren. Dein Kind hat ohnehin eine enge Freundschaft aufgebaut und kann bei der anderen Familie übernachten. Doch dann wird es nervös, unsicher. Gib deine Pläne nicht sofort auf. Trau der anderen Familie zu, dass sie dein Kind auffangen kann. Versuch nicht nur schwarz-weiß zu sehen: wegfahren oder nicht wegfahren. Es gibt kleine Schritte dazwischen: Was kann dein Kind tun, wenn es dich vermisst? Zu wem könnte es gehen, wenn es bei der befreundeten Familie nicht klappt? Was könnt ihr jetzt schon verabreden fürs Wochenende danach? Trau dich und trau deinem Kind mutige Schritte zu. Und komm wieder mehr bei dir an. Das tut eurer Beziehungsstärke gut.

Du traust dich, dir wieder mehr Freiräume zu nehmen. Du gehst gelassen damit um, wenn dabei etwas nicht ganz rund läuft.

ME-TIME

Wann warst du zuletzt in der Stadt und hast keine Hose in Größe 110, kein Kinderpuzzle und keine Backmischung für die Kita gekauft, sondern nur etwas für dich getan? Nimm dir die Zeit, und wenn es nur für ein Heißgetränk in einem schönen Café ist, während dein Kind zum ersten Mal eine Stunde allein zu Hause bleibt. Damit schlägst du zwei Fliegen mit einer Klappe: Du spürst dich und dein Kind darf wachsen. Dabei hast du Schuldgefühle? Wieso? Erstens ist Gammeln wichtig, denn danach hast du wieder Kraft. Und zweitens lernt dein Kind, wenn du es mal allein lässt und nichts tust: Es muss allein klarkommen.

Dir fällt es dennoch schwer, das anzugehen? Dann verknüpfe deine gute Zeit mit einer besonderen für dein Kind: Was darf es tun? Wer kann vielleicht zu Besuch kommen? Was könntest du im Anschluss mit ihm machen, sodass die Vorfreude helfen kann, die Alleinzeit zu schaffen?

Dein Kind reagiert mit großer Angst? Dann bau Sicherheitsnetze ein: Wen außer dir kann es anrufen, wenn es sich nicht wohlfühlt? Was kann es tun, wenn die beängstigende Situation tatsächlich eintreten sollte? Ist das überhaupt wahrscheinlich?

Welche Veränderung braucht eure Beziehung also?

- Trau deinem Kind zu, Herausforderungen zu bewältigen.
- Lass deinem Kind Platz für eigene Entscheidungen.
- Sorge für zahlreiche Gesprächssituationen.
- Bleib interessiert und zugewandt. Erhalte dir deine beziehungsorientierte Haltung.
- Trau dich, dir wieder mehr Freiräume zu nehmen.
- Geh gelassen damit um, wenn dabei etwas nicht ganz rund läuft.

Das klingt nach ganz schön viel? Beziehungsstarkes Miteinander ist viel und doch auch wieder wenig. Investiere deshalb in gute Gewohnheiten. Das ist meist ein ordentlicher Brocken Arbeit. Aber wenn die Strukturen stehen, wird vieles deutlich einfacher. Wenn ihr zum Beispiel feste Gesprächszeiten habt, können diese Gewohnheiten lange bleiben. So kommt ihr beziehungsstark durch die Grundschulzeit und könnt in der Pubertät darauf aufbauen.

Bis hierhin hast du gesehen, wie sich deine Rolle verändern sollte und was eure Beziehung stärken kann, damit dein Kind die Entwicklungsaufgaben im Grundschulalter meistern kann. Was dein Kind ganz konkret in den verschiedenen neuen, veränderten und teilweise schwierigen Bereichen benötigt, zeige ich dir nun.

Die Kapitel, die aus Kindersicht formuliert sind, zum Beispiel „Schüchternheit: Ich will im Kindergarten bleiben!“ (ab S. 43) befassen sich mit typischen, aber teilweise sehr individuellen Problemen. So kannst du schnell das finden, was dich vielleicht gerade umtreibt. Liest du das Buch ohne akutes Problem im Hinterkopf, lies am besten alle Kapitel, um dich in der Begleitung deines Kindes rundum sicher zu fühlen. Auch bei einem konkreten Problem können dir alle Kapitel in Summe dabei helfen, die Grundschulzeit mit deinem Kind gut zu meistern.

KEINE ANGST VOR DER EINSCHULUNG

Im Alltag mit deinem Grundschulkind müssten ständig überall Sticker mit dem Wort „NEU“ auftauchen: neue Orte, neue Wege, neue Zeiten, neue Pflichten, neue Menschen, neue Themen, neue Probleme. Veränderungen sorgen bei fast allen Menschen erst einmal für ein Unwohlsein, erst recht bei einem Kind. Mit viel Wissen und Ideen fallen dir und deinem Kind die Neuerungen aber gleich ab dem ersten Tag leichter.

Der neue Alltag beginnt eigentlich am ersten Unterrichtstag nach der Einschulung. Eigentlich. Denn die Vorwehen sind schon sehr viel früher zu spüren: Die meisten Grundschulen bieten Tage der offenen Tür an und oft auch Kennenlerntage mit den späteren Klassenleitungen. Alle Kinder erhalten eine Einladung zur Schuleingangsuntersuchung und zur Schulanmeldung. Ranzen, Sporttasche & Co. müssen ausgesucht werden. Im Kindergarten finden Abschiedsfeste statt, Bildersammlungen werden nach Jahren mit nach Hause gegeben, das geliebte Fach mit dem Schmetterling- oder dem Clownbild soll ausgeräumt werden. Und ständig fragt irgendjemand: *„Na, freust du dich schon auf die Schule?“*

Es ist eine Phase des Übergangs. Und jeder Übergang macht unsicher. Große Veränderungen wie zum Beispiel Umzüge oder eine Urlaubsfahrt stressen fast alle Kinder. Bei sehr vielen reichen allerdings schon deutlich kleinere Wechsel aus, um sich unwohl zu fühlen:

aus dem Kinderzimmerspielparadies ins Auto zum Supermarkt, aus dem kuscheligen Schlafanzug in den dicken Pulli, vom gemütlichen Sofa in die gefüllte Badewanne.

Der riesige Übergang zum Schulkind bewegt definitiv alle Kinder. Die Einschulung kennzeichnet als Fest den Start des neuen Abschnitts. Der Wechsel vom Kindergarten in die Grundschule startet allerdings schon mit dem Abschied vom Alltag davor. Tschüs sagen, sich auf das Neue vorbereiten und am neuen Ort starten – das alles gehört zum Übergang. Es sind so viele Unbekannte im Spiel. Das kann wirklich gruseln, überfordern oder zumindest eine ziemlich große Aufregung auslösen. Manchen Kindern merkt man das im Vorfeld des ersten Schultags gar nicht an. Sie marschieren breit grinsend wie ein Honigkuchenpferd ins Klassenzimmer. Aber ein paar Tage später verzweifeln sie über der Aufgabe, die Buntstifte zu spitzen oder ein Blatt mit dem eigenen Namen auszumalen. Dein Kind „stellt" sich nicht „an", sondern es reagiert auf die Veränderung. Für dich soll es auch kein Signal sein, in Stress zu verfallen. All das ist relativ normal und vor allem ein Ankommen im Neuen. Und das dauert manchmal und ist nicht immer eindeutig zu verstehen.

Wie geht das? Du kannst zuhören und sensibel erspüren, was dein Kind braucht. Nicht jedes Kind mag den Abschied vom Kindergarten groß feiern. Nicht jedes Kind hat Freude daran, den Ranzen auszusuchen. Nicht jedes Kind findet es ausreichend beruhigend, dass zwei Kita-Freunde mit in die erste Klasse kommen. Nicht jedes Kind hat Angst vor dem Wechsel. Nicht jedes Kind mag Vorschulblöcke ausfüllen.

Wichtig ist nur die Frage:
Wie geht es deinem Kind? Sie soll dich leiten, nicht was andere so machen.

Abschied und Vorfreude

Du kannst Angebote machen, wie dieser Übergang leichter zu meistern ist, aber du darfst dich auch zurücklehnen, wenn dein Kind sie nicht annehmen möchte.

Wie geht das? Führe mit deinem Kind Gespräche und biete ihm je nach seinen Aussagen Unterstützung an:

- Mag dein Kind mit dir den Abschied vom Kindergarten zelebrieren? Es kann mit Hilfe Briefe an die Erzieherinnen oder Erzieher schreiben oder malen, Geschenke besorgen oder basteln und überlegen, ob es etwas von sich im Kindergarten lassen kann (zum Beispiel eine Stift- oder Bücherspende).
- Möchte es ein Erinnerungsalbum mit den anderen Kindern anlegen, Fotos aufheben, ein gemeinsames T-Shirt gestalten?
- Mag dein Kind wissen, wie dein Kindergartenabschied oder deine Einschulung waren?
- Hat es Lust, sich mit dir auf seinen Schulstart vorzubereiten und in Vorfreude ...
  - einen Abreißkalender zu basteln, mit dem es die Tage bis zur Einschulung gut zählen kann?
  - die Schultüte zu basteln? Sollst du das tun oder es soll bitte die gekaufte mit Motiv XY sein?
  - sein Outfit für den ersten Schultag zu planen?
  - noch im Vorschuljahr das Sommerfest oder den Weihnachtsbasar der Schule zu besuchen und das Gebäude kennenzulernen? Möglicherweise mag es immer mal wiederkommen und erfahren, wo die Toiletten sind oder das Sekretariat (von wo aus man zu Hause anrufen könnte).
  - die Homepage der Schule zu durchstöbern und Fotos von Lehrkräften anzuschauen?
  - Bücher zum Thema vorgelesen zu bekommen?

- den Schulweg kennenzulernen (zu Fuß, mit öffentlichen Verkehrsmitteln, auch mal mit einem Fahrzeug, vielleicht einem Roller)?
- das neue Zubehör auszusuchen (Ranzen, Federmäppchen, aber auch Sportsachen)?
- Vorschularbeit zu machen? Dabei muss es nicht nur um Buchstaben und Zahlen gehen. Das kann auch Sachwissen umfassen. Geht das mit dir gut oder gibt es bei euch Institute, die so etwas anbieten?
- mit dir zu überlegen, wie der erste Tag aussehen wird oder wie ein Morgen im Klassenzimmer so ist? Ihr könnt das gemeinsam nachspielen und Plüschtiere als Klassenkameraden nutzen, oder dein Kind kann Material von dir bekommen, um es mit Gleichaltrigen aus dem Kindergarten zu spielen.
- mit dir die Einschulungsfeier zu Hause zu planen? Wer soll kommen? Was soll es zu essen geben?
- kleine Stärker für den Schultag auszusuchen oder zu basteln? Das kann zum Beispiel ein Anhänger fürs Mäppchen sein oder etwas für die Hosentasche.
- Abschied zu nehmen? Wer soll nach der Kindergartenzeit seine Tasche bekommen? Was soll mit den Fotos passieren, die noch von ihm dort an der Wand hängen? Was ist mit dem kleinen Baum, an dem ihr jeden Tag auf dem Hin- und Rückweg vorbeigegangen seid und der jedes Jahr größer wurde? Kann ein Erinnerungsstück in seinen Zweigen angebunden werden?

• Mag es zu Hause etwas verändern? Das kann ein umgestaltetes Kinderzimmer sein, ein eigener Schreibtisch oder auch ein Chill-Sessel. Das können Wege am Nachmittag sein, die erstmals allein gegangen werden. Das können auch Veränderungen in Bezug auf die eigene Hygiene oder Kleidung(-swahl) sein. Wo mag es jetzt schon ein bisschen größer und freier sein?

Möglicherweise mag dein Kind nichts davon ausprobieren oder nur ein bisschen und hört auch mittendrin wieder auf. Das ist nicht ungewöhnlich. Gesteh ihm diesen Raum zu, selbst wenn es erst am Einschulungsmorgen wieder mit dir über die Schule spricht. Manchen Menschen hilft es, Themen erst anzugehen, wenn sie wirklich anstehen. Diese Option sollte dein Kind auch haben. Für uns Große ist es oft schwer, Herausforderungen nicht weit im Vorfeld klar geregelt zu wissen. Aber so läuft das Leben mit Kindern immer wieder: Du kannst nicht alles vorhersehen, planen, regeln. Manches muss erst einmal passieren und dann bewältigt werden.

Du hörst deinem Kind feinfühlig zu, was es sich wünscht.

ALLTAGSMAGIE

Führt gemeinsam ein *Zaubergespräch:* Wie würde für euch ein Traumkindergarten aussehen? Wie ein Traumzuhause? Wie ein Traumsupermarkt? Und wie wäre eure Traumschule? Ihr könnt ruhig richtig herumspinnen.

Schüchternheit: „Ich will im Kindergarten bleiben!"

Kinder mit schüchternem Wesen machen Eltern oft Sorgen, wenn sie an die Schulzeit denken. Zeigt dein Kind sich auch ausgesprochen schüchtern, sodass du dir nicht vorstellen kannst, wie es am ersten Schulmorgen bestehen soll? Dann helfe ich dir zu verstehen, was Schüchternheit ist und braucht.

Schüchterne Menschen sind eigentlich nur besonders vorsichtig. Ihr Alarmsystem beim Bewerten ihrer Umwelt ist besonders sensibel. Darum gehen sie langsamer auf andere Menschen zu, trauen sich oft nur mit Verzögerung zu handeln und finden Neues meistens nicht so sympathisch. Das ist manchmal gar nicht schlecht, denn überlegtes Handeln ist oft ziemlich clever: Dein Kind wird wahrscheinlich eher nicht aus sieben Metern Höhe vom Baum fallen, weil es spontan hoch hinaufgeklettert ist. Aber das Zögern kann deinem Kind auch im Weg stehen, wenn es Neues und Herausforderndes gar nicht angehen mag.

Gerade schüchterne und ängstliche Kinder zeigen manchmal keine große Vorfreude auf die Schule. Das hat nichts damit zu tun, dass sie nicht neugierig aufs Lesenlernen wären. Doch die Veränderung pikst ihr schüchternes Wesen an. Sie bleiben oft lieber dort, wo sie sich auskennen. Das kann auch nicht-schüchternen Kindern so gehen, denn Unbekanntes kann jeden Menschen stressen. Egal, zu welcher Gruppe dein Kind gehört: Wenn es sich in Bezug auf das Schulthema schüchtern und zurückhaltend zeigt, braucht es Berechenbarkeit, um weiterzugehen.

Wie geht das? Was machst du, wenn du an einen fremden Ort fahren musst? Du informierst dich. Wie sehen die Straßen dort aus? Wo kannst du parken? Bekommst du irgendwo ein gutes Mittagessen? Wie wird das Wetter am Reisetag? Mit Informationen geht es dir besser. Also sorg dafür, dass dein Schulneuling sich informiert fühlt:

- Gibt es einen Wandkalender, der deinem schüchternen Kind übersichtlich zeigt, wann der Probetag an der Grundschule, der Kindergartenabschied und die Einschulung sind?
- Kennt es das Gebäude, die Toiletten, das Sekretariat, die schönsten Stellen auf dem Schulhof? Sonst lernt den Ort kennen.
- Kennt es schon zukünftige Klassenkameraden? Andernfalls besucht in den Ferien Spielplätze in der Nähe der Schule, denn da kann dein Kind Glück haben und welche treffen.
- Weiß es, was am Einschulungstag passieren wird? Sonst frag ruhig in der neuen Schule nach.
- Hat es Ideen dazu, wie es sich in den ersten Minuten im Klassenraum verhalten kann? Andernfalls plant doch eine kleine spielerische Geschichte: Dein Kind kann sich an dem Tag vorstellen, Entdecker zu sein. Dann ist es gar nicht unangenehm, nach dem letzten freien Platz in der Klasse Ausschau zu halten, sondern fühlt sich richtig gut an.
- Welche möglichen beängstigenden Situationen spuken in seinem Kopf herum? Besprecht gemeinsam, ob sie wahrscheinlich sind und was dein Kind im Fall der Fälle unternehmen könnte.

Schüchterne Kinder müssen sich vorbereitet und bewältigungskräftig fühlen, dann können sie stressfreier ihre kleinen Schritte hinaus ins Unbekannte machen. Das kannst du deinem Kind geben. Und wenn es wegen der Veränderung so aufgeregt ist, dass es all das gar nicht von dir hören mag, dann lass das Thema Einschulung erst einmal beiseite und widme dich vor allem dem Thema Gefühle: Überforderung, Sorgen, Umgang mit Stress – was kannst du deinem Kind dazu erzählen?

Echte Ängste vor der Einschulung

Bei manchen Kindern entsteht beim Gedanken an den ersten Schultag mehr als ein mulmiges Gefühl: intensive Angst. Das erkennst du daran, dass dein Kind kaum noch über ein anderes Thema spricht oder aber das Thema komplett vermeidet. Außerdem reagiert es mit sehr starken Emotionen oder sogar körperlich mit Zittern oder Bauchweh, wenn über die Schule gesprochen wird. Das Wichtigste ist dann, die Angst mit deinem Kind zu begrüßen (aktiv anzunehmen) anstatt schnell zu sagen: „*Du musst keine Angst haben!*“ Sie ist ja da. Dieser Satz hilft nicht. Werde stattdessen zusammen mit deinem Kind aktiv.

Wie geht das? Schaut euch die Angst an:

- Macht sie Kopf- oder Bauchweh, Zittern oder Schwitzen, hektisches Atmen oder Herzklopfen?
- Was hilft deinem Kind, den Körper zu entspannen?
- Deine Berührungen oder seine eigenen, ein Hilfsmittel wie eine Decke oder ein Plüschtier, Singen oder Summen?
- Was davon könnte dein Kind auch am Tag der Einschulung oder danach im Unterricht nutzen?

Sprecht darüber, warum man Angst nicht ablehnen muss, denn sie ist oft wichtig: Sie macht uns wachsamer für das, was wir brauchen oder was uns fehlt. Wir können uns besser auf Herausforderungen einlassen. Wir sind durch sie vorsichtiger und können geschickter handeln. Überlegt auch, wie ein Leben ohne Angst wäre: nicht gerade erstrebenswert. Wir hätten deutlich mehr Pflaster, Gipsfüße und Stress.

Denkt nach, was gegen die Angst helfen kann:

- Wäre es eine Erleichterung, wenn dein Kind sich seine Angst als eine Figur vorstellt, die bei ihm in der Hosentasche steckt, mit der man reden kann, die man zwicken darf? Oder welches Bild hat dein Kind von seiner Angst?
- Könnte es helfen, wenn dein Kind sich in Angstmomenten ganz bewusst auf etwas in seinem Umfeld konzentriert: weg von dem Herzklopfen innen, hin zu dem außen?

Geht das Ganze auch mit dem Verstand an:

- Wovor hat dein Kind genau Angst?
- Kann das wirklich passieren oder ist es eher unwahrscheinlich?
- Was könnte dein Kind tun, wenn es passiert?

Entwickelt Ideen, damit dein Kind aktiv werden kann. Denn Angst bedeutet Ohnmacht. Dein Kind soll sich wieder „mächtig" und damit bewältigungskräftig fühlen.

Falls dein Kind für Gespräche darüber nicht offen ist, versuche es anders: Rede nicht mit ihm über seine Einschulung, sondern erzähle von dir und alten Ängsten aus deiner Kindheit.

- Wann hast du dich gefürchtet?
- Was ist tatsächlich geschehen?
- Was hast du gemacht?

So könnt ihr euch langsam den Ängsten deines Kindes nähern.

Und wie ist es bei dir? Spürst du auch Ängste rund um den Schulstart? Dann mach die gleichen Schritte wie oben für dein Kind beschrieben: Schau auf deine körperlichen Reaktionen, nimm die Angst an, überlege dir, was du unternehmen kannst, wenn beängstigende Momente wirklich eintreten – werde aktiv und „mächtig".

Denk daran: Deine Angst gehört zu dir und in Gespräche mit anderen Erwachsenen, nicht zu deinem Kind.

Du gehst Angst mit deinem Kind aktiv an. Sie darf sein.

ANGST-HELFERLEIN

Ängstlichen Kindern helfen oft Anker, gerade am ersten Schultag, aber auch danach. Das können bekannte Gesichter in der gleichen Klasse sein, mit denen ihr im Vorfeld schon den Kontakt intensivieren könnt. Vielleicht kann es auch eine Absprache geben, dass die Kinder sich ab dem zweiten Schultag am Eingang zum Schulgelände treffen oder sogar den Weg zusammen gehen.

Kennt dein Kind noch keine anderen Schulkinder dort, können Rituale zu Ankern werden. Überlegt euch kleine Abläufe: neuen Kakao zum Frühstück, Abklatschen an der Haustür, einen Witz des Tages unterwegs erzählen, ein Glücksbringer am Handgelenk. Ihr könnt auch gemeinsam in die Wolken schauen und euch versichern, dass ihr das nach der Trennung am Schultor immer wieder macht, wenn dein Kind in der Schule ist und du bei der Arbeit, sodass das Hochblicken euch verbinden wird.

Fremde Menschen an neuem Ort

Ein spannender Punkt bei der Einschulung ist der Start ohne langwierigen, begleiteten Übergang. Im Kindergarten gab es eine Eingewöhnung, in Büchern oder von dir hat dein Kind immer wieder zu hören bekommen, dass es nicht mit Fremden mitgehen solle. Und jetzt erwarten alle, dass es in einem neuen Gebäude mit einer (recht) unbekannten Lehrperson, ohne Familie und manchmal auch ohne bekannte Kinder in ein Klassenzimmer gehen soll. Einigen Kindern macht das nichts. Sie sind vorfreudig, sicher, kontaktoffen. Andere finden das unangenehm oder unverständlich.

Meist wird der Start inzwischen gut durch die Schulen vorbereitet: Die Kinder dürfen zu Kennenlerntagen kommen oder erhalten vor den Sommerferien Briefe, in denen sich die Lehrkraft vorstellt und Beziehung aufbaut. An manchen kleinen, freien Schulen kommt die Lehrperson sogar vor dem großen Tag mal zu Hause vorbei und lässt sich das Kinderzimmer zeigen. Das ist nicht für alle Kinder notwendig und nicht überall leistbar. Aber die Methoden sind hilfreich. Bereitet die Schule deines Kindes den Start nicht so gut vor und ist dein Kind eher zögerlich, bist du gefragt.

Wie geht das? Du hast im vorherigen Kapitel schon Ideen bekommen, wie ihr Schulweg, Gebäude und auch Lehrkräfte im Vorfeld kennenlernen könnt. Frag auch dein Kind nochmal, was es sich wünschen würde. Vielleicht ist das machbar.

Möglicherweise könnt ihr im Vorfeld aber nicht herausfinden, wie der erste Schultag genau ablaufen wird oder welche Lehrkraft dein Kind mit in den Klassenraum bitten wird, denn manchmal entscheidet sich das auch erst sehr kurzfristig. Das ist dann für das „Geh nicht mit Fremden mit!"-Thema nicht gerade hilfreich, aber auch das werdet ihr bewältigen:

- Wann hast du in einer Situation nicht genau gewusst, was oder wer auf dich zukommt?
- Was hast du im Vorfeld getan?
- Wie bist du gut durch die Situation gekommen?
- Was kann dein Kind sich daraus mitnehmen?
- Was kann es tun, wenn die Atmosphäre im Klassenzimmer unangenehm ist? Hat es einen Stärker am Mäppchen, zum Beispiel einen Mut machenden Schlüsselanhänger? Sitzen etliche andere Kinder mit in der gleichen Situation, sodass dein Kind nicht allein ist? Stehst du nur ein paar Meter weiter im Schulgebäude und wartest schon mit offenen Armen?

Sprecht darüber und findet beziehungsstark Bewältigungsideen. Und nimm du noch folgenden Gedanken mit: Anders als bei der Eingewöhnung in der Kita oder dem Kindergarten ist dein Kind nun schon wieder älter und reifer. Urvertrauen und Bindungssicherheit sollten da sein, ein ganzes Stück Bewältigungskraft auch. Dein Kind braucht normalerweise keinen langsamen Bindungsaufbau in deinem Beisein mehr. Und es kann auch verstehen, dass es solche und solche Fremde gibt: die einen, mit denen man nicht mitgeht, und die anderen, mit denen man mitgehen kann, weil die Eltern Bescheid wissen und Vertrauen haben.

Du hilfst deinem Kind, Situationen gut einzuschätzen und Lösungsideen zu finden.

ÄNGSTE RELATIVIEREN

Falls dein Kind sich hierzu Gedanken macht, überlege mit ihm, wann es schon mal „mit einer fremden Person" mitgegangen ist: mit der Mutter oder dem Vater eines anderen Kindergartenkindes, mit der oder dem medizinischen Fachangestellten in der kinderärztlichen Praxis, mit einer Kursleitung bei einer Freizeitaktivität? Wieso war die Person nicht so ganz fremd? Wieso war das Mitgehen in Ordnung? Und ist das Ganze nicht eigentlich ziemlich gut gelaufen?

Anfangszeit

Nicht nur der erste Schultag ist aufregend, sondern die ganze erste Zeit. Viele Kinder brauchen locker bis zu den Herbstferien, um sich angekommen zu fühlen – oder noch länger. Ab und an fängt ein Kind (oder eine ganze Klasse) nach den Weihnachtsferien nochmal neu an mit dem Ankommen.

Damit dein Kind leichter ankommen kann, nimm deinen Blick vom allerersten Schultag weg und auch erst einmal vom Unterricht an sich. Denn es ist gerade noch so viel mehr los bei deinem Kind.

Ganz unwillkürlich macht sich dein Kind Gedanken: *„Was kann ich? Wo bin ich schon groß? Bei was werde ich um Rat gefragt? Wem bin ich wichtig? Wie kann ich Probleme lösen?"* Das bedeutet, es ist nicht nur durch die Veränderungen außen verunsichert und muss einen neuen Alltag für sich finden, sondern auch durch Vorgänge in seinem Inneren. Und für dich heißt das nochmal mehr: Hab Verständnis, gib ihm Zeit.

Wie geht das? Wie geht es denn dir, wenn du in einen neuen Job startest und parallel hormonelle Veränderungen merkst oder privat

Themen neu ordnen möchtest? Das ist alles viel, du bist sehr gefordert, du wirst schnell unwirsch. Dein Kind genauso. Möglicherweise wird es öfter explodieren. Vielleicht wird sich sein Schlafrhythmus eine Zeit lang verändern und ihr führt auch wieder Diskussionen ums Einschlafen oder auch ums Zähneputzen oder die richtigen Socken. Dann braucht dein Kind keine Vorwürfe, auch wenn es menschlich ist, dass du mal mit in die Luft gehst. Aber um da herauszukommen, benötigt es von dir erst Beziehung, dann Lösung und Bewältigung. Hol an die Oberfläche, was in deinem Kind los ist, indem du „Kann es sein"-Fragen stellst:

- *„Kann es sein, dass du gerade wenig Lust zum Zähneputzen hast?"*
- *„Kann es sein, dass du gerade das Gefühl hast, ganz viel tun zu müssen, was andere sagen?"*
- *„Kann es sein, dass du dich wohler fühlen würdest, wenn ich dir hierbei helfe?"*
- *„Kann es sein, dass es für dich gerade schön wäre, wenn ich abends länger bei dir bleibe?"*
- *„Kann es sein, dass die Hausaufgaben gar nicht doof sind, sondern du einfach keine Lust und Kraft mehr hast?"*

Zeigt dein Kind keine solche Auffälligkeiten, sondern kommt eher „leise" in der neuen Situation an, kannst du dich freuen. Sorge dich nicht sofort, dass es nur nicht sagt, was los ist. Wenn ihr in guter Beziehung seid und Gelegenheiten zum Austausch habt, wirst du sicher spüren, wenn doch etwas unrund läuft.

Du stellst dich auf Veränderungen ein und nimmst sie aktiv an.

NÄHE ANBIETEN

Probleme klären sich nie sinnvoll, wenn du distanziert bist, Vorwürfe machst, dein Kind aufforderst, allein klarzukommen. In schwankenden Zeiten braucht es Beziehungssicherheit und Beziehungsstärke. Schenk deinem Kind viel Zeit und Aufmerksamkeit, und zwar von dir aus, nicht immer erst, wenn es danach fragt oder auffällig wird.

Wenn das in ausreichendem Maße da ist, wird es seinen Nähe-Tank auffüllen können und wieder lockerer werden. Das ist wie mit wie Leckereien in einem Süßigkeitenladen: Ein riesiges Angebot gibt die Sicherheit, dass man genug abbekommt, und irgendwann ist man dann auch echt satt.

Ängstlichkeit: „Ich will da nicht hin!"

Nicht nur vor der Einschulung kann die Schüchternheit dein Kind in seiner Vorfreude hemmen. Unter Umständen kann jeder Tag eine Herausforderung sein. Ist die Schüchternheit bei deinem Kind sehr stark, spürt es vielleicht verstärkt Ängste und vermeidet, Herausforderndes überhaupt anzugehen. Dann diskutiert ihr jeden Morgen und dein Kind weint jeden Abend: *„Ich will da nicht hin!"* In diesem Fall hilft kein Druck, sondern dein Kind braucht dich als stärkende Begleitung, um seine Hemmschwellen zu meistern.

Wie geht das? Führ dir erst einmal vor Augen, dass dein Kind mindestens zehn Jahre lang zur Schule gehen wird. Wenn es also ein paar Wochen gibt, in denen es nicht jeden Tag die volle Zeit am Unterricht teilnehmen kann, ist das kein Drama.

Wichtig ist jetzt, dass dein Kind ...

- die Hemmschwelle anschaut: In welchen Momenten stresst die Schüchternheit in der Schule so stark, dass es nicht hingehen mag? Welche Strategien können helfen? Ein erster Satz für Gespräche, eine besondere Körperhaltung, wenn andere lachen, ein Notfallplan zum Abholen? Sollte die Lehrkraft Bescheid wissen?
- die Hemmschwelle überwindet und jeden Tag mit dir losgeht. Das begleitest du am besten mit Zutrauen und Klarheit: Die Wahl „gehen oder nicht" besteht nicht, denn in unserem Land gibt es eine Schulpflicht, weil Kinder gestärkt werden sollen. Aber wie dein Kind bleibt, ist beeinflussbar. Beteiligt es sich oder nicht, bleibst du dabei, bleibt es nicht die ganze Zeit, kann es am Lehrpult sitzen?
- die Freude am Lernen und an der Schule nicht verliert. Darum lass allen Druck weg, der nicht sein muss. Dass dein Kind hingeht und gute Momente erlebt ist wichtiger als die Note der Mathearbeit.

Häufig möchten die schüchternen Kinder eigentlich in der Schule sein, etwas lernen, auch brillieren. Dann können kleine Ziele helfen: in jeder Stunde einmal melden, jeden Tag dreimal etwas sagen, der Lehrkraft die Hausaufgabe von sich aus zeigen, ein Spiel mitnehmen und in der Pause zwei andere Kinder fragen, ob sie mitmachen. Dein Kind kann seine Schüchternheit überwinden, wenn es in Minischritten Sicherheit gewinnt. Das ist Bewältigungskraft. Detaillierte Tipps für den Alltag mit deinem schüchternen Grundschulkind auch außerhalb der Schule findest du in meinem Buch „Mein wunderbares schüchternes Kind" (humboldt, 2021).

Ist dein Kind nicht nur schüchtern, sondern stark ängstlich, lies noch genauer im Kapitel „Angst vor Trennung oder vorm Schulweg" ab S. 97 weiter, um ihm zu helfen, dieses Gefühl besser zu bewältigen. Dort bekommst du auch Impulse, wenn vor allem der Weg und das Allein-Gehen schwerfallen.

LIEBE FÜR UNTERWEGS

Die Hürde am Schulmorgen gruselt und drückt besonders stark, weil dein schüchternes Kind dich nicht als Anker zum Festhalten hat. Aber du kannst ihm das gute Gefühl mitgeben, das euch verbindet: eine kleine, liebevolle Botschaft auf einem Zettel versteckt im Mäppchen, im Deutschheft oder in der Brotdose.

Hochsensibilität: „Mir ist alles zu viel!"

Manchmal geht Schüchternheit Hand in Hand mit Hochsensibilität. Ein hochsensibles Kind ist nicht nur zögerlich, sondern intensiv gestresst durch zu viele Reize und Ungewohntes. Daher fällt es ihm schwer, etwas anzugehen und dann auch durchzuhalten, wenn die Situation mit vielen Reizen oder vielen Menschen verbunden ist. Für den Umgang mit Schüchternheit hast du bereits Impulse bekommen. In Sachen Hochsensibilität benötigt dein Kind Strategien, um nicht dauernd eine „Überdosis Welt" aushalten zu müssen.

Wie geht das? Dein Kind muss Reize beherrschen können. Im Schulalltag funktioniert das nur, wenn die Lehrkräfte Bescheid wissen. Also weih sie ein und frag danach, welche Hilfsmittel die Schule vorsieht. Gibt es provisorische Trennwände, um den eigenen Tisch ein wenig abzuschotten? Kann dein Kind im Klassenraum einen geschützten Platz bekommen? Darf es bei Überreizung ein Zeichen geben und den Raum mit sicherem Ziel verlassen? Gibt es im Klassenzimmer einen Rückzugsort? Darf es Regulationshilfen wie Spinning Tools nutzen? Und ganz simpel: Kann dein Kind Gehörschutz nutzen? Falls eure Schule noch keinen hat, fragt den Förderverein an. Wenn in der Klasse gleich ein paar Schützer vorhanden sind, werden viele Kinder sie gern ausprobieren und dein Kind wird sich nicht auf unangenehme Art besonders fühlen, sondern kann seine Schwierigkeit bewältigen.

SCHUTZ VOR DER WELT

Eine ganz einfache Möglichkeit, um dabei zu sein und doch das Gefühl von Rückzug zu haben, ist eine textile Wäschetonne, die an einer Seite offen ist. Egal ob zu Hause oder in der Leseecke des Klassenzimmers: Dein Kind kann sich darin ein bisschen abschotten, wenn es sich mit dem Oberkörper und einem Kissen hineinlegt. Durch eine eher transparente Textiloberfläche kann es aber dennoch am Geschehen teilhaben. Nutzt sie zu Hause und schlag das auch der Schule vor. Die Tonne ist klein zusammenzudrücken und benötigt in der Aufbewahrung kaum Platz.

Autonomie: „Ich mag aber keine Regeln!"

Auch wilde Kinder, die eher laut und sehr lebensfroh sind, sorgen bei Eltern für Unbehagen, wenn sie an die Schule denken. Gehört dein Kind zu den sehr aktiven, wilden? Dann lass dir gesagt sein, dass Schule keine reine Frontalveranstaltung mehr ist. Die Lehrkräfte wissen, dass Neulinge oft noch viel Raum für Bewegung benötigen und es Zeit braucht, bis sie alle Verhaltensregeln einhalten können. Die Impulsivität deines Kindes benötigt dennoch deine verstärkte Begleitung zu Hause.

Wilde Kinder sind häufig sehr willensstark. Fremdbestimmung ist ihnen ein Graus. Wenn das für dein Kind gilt, wirst du schon vor dem Einschulungstag einige Diskussionen hinter dir haben. Je selbstsicherer es wird, desto mehr möchte es wahrscheinlich Unsicheres wagen: Neues allein schaffen. Dein Kind möchte dann, dass seine Selbstständigkeit akzeptiert und gefördert wird. Mit pädagogischen Tricks nach dem Motto *„Schauen wir mal, wer von uns schneller am Waschbecken ist?"* brauchst du solch einem Kind nicht zu kommen. Sein sturer Schlaukopf wird rasch erkennen, was du vorhast. Ihr braucht Augenhöhe.

Wie geht das? Zu den sozialen Bedürfnissen, die im Grundschulalter erfüllt werden müssen, gehört Selbstständigkeit. Dein Kind will Dinge allein machen, selbst entscheiden, gar nicht erst fragen. Das ist nicht so sehr ein Weg *gegen dich*, sondern eher *ohne dich* und *hin zu sich.*

Diese Unabhängigkeit wird jetzt umso wichtiger, weil dein Kind durch die Schule mehr Fremdbestimmung spürt als in den Jahren zuvor. Es muss früh aufstehen und auch früh ins Bett gehen, muss länger stillsitzen, am Vormittag und auch noch am Nachmittag Papierkram erledigen, zuhören, Pause machen und essen, wenn der Schulgong es sagt, und vieles mehr. Wenn man auf einmal so viel weniger mitentscheiden kann, klopft innendrin die Autonomie an: *„Ich will über mich bestimmen!“* Dein Kind möchte mehr eigene Entscheidungen treffen.

Lass dich beziehungsstark auf den Wunsch deines Kindes nach Selbstbestimmung ein und behandle es so, als wäre es schon ein kleines bisschen älter. Gib ihm Spielräume:

- Wo kann es denn immer noch selbst sagen *„Das mache ich um 10 oder um 15 Uhr.“* oder *„Das will ich in Grün statt in Rot!“*?
- Wo kann es mit dir entscheiden: Wie werden Familienentscheidungen gefällt? Welche Bedürfnisse und Notwendigkeiten sind zu bedenken? Wird dein Kind ausreichend gesehen? Soll es das Ferienhaus werden oder die Hotelanlage? Wird Opa ein Ausflug geschenkt oder ein Fresskorb?
- An welchen Stellen kann dein Kind Regeln aufstellen fürs Aufstehen, den Ablauf am Morgen oder Nachmittag, den Schulweg, die Hausaufgabenzeiten? Wie sollen die Tage aussehen? Wann kann was passieren? Was sollte nicht festgelegt sein, sondern frei wählbar (Zimmer aufräumen, Duschen, Freunde treffen ...)?
- Welche Wege kann dein Kind endlich teilweise oder ganz allein zurücklegen? Auf welchen Wegen kann es die Route allein wählen?
- An welchen Stellen hat es recht, wenn es Schulregeln kritisiert?
- Wie lassen sich Regeln ein bisschen feintunen, um zu deinem Kind zu passen?

- Über welche Regeln kann dein Kind mit der Lehrkraft (und zusätzlich mit dir) ins Gespräch kommen?
- Und zeig deinem Kind auch auf, von welchen Regeln es in der Schule oder zu Hause profitiert.

Andererseits kannst du ihm auch bewusster zeigen, welche Spielräume es tatsächlich hat. Denn ganz bestimmt lässt du dein Kind ohnehin schon oft aus verschiedenen Möglichkeiten wählen und gehst Kompromisse ein. Oder dein Kind darf Familienregeln mitbestimmen. Das muss man manchmal deutlich machen, damit das Grundschulkind spürt, wo es selbstbestimmt ist. Manche Kinder zeigen das Streben nach Unabhängigkeit schon im Vorschuljahr, andere starten erst mit 9 Jahren so richtig durch. Denn manchmal kommt das nicht von allein. Dann stell dein Kind bildlich gesprochen auf ein Skateboard, ziehe ihm Helm und Knieschützer anund schubse es oben auf einem Hügel an. Sprich: Fordere es, damit es den nächsten Schritt angeht: *„Das probierst du heute mal allein.“*

Zur neuen Selbstständigkeit gehören auch neue Erfahrungsräume und mehr Freiheiten, beispielsweise wenn dein Kind sich immer häufiger zu Fuß allein im Straßenverkehr bewegt. Gedanken dazu findest du im Kapitel „Neue Wege und Orte“ ab S. 190.

VORWARNUNG

Grübelst du, ob du der Lehrkraft schon Bescheid sagen solltest, was für ein willensstarkes Kind da bald in die erste Klasse kommen wird? Dafür gibt es kein Patentrezept. Manche Lehrkräfte wissen so etwas gern im Vorfeld, andere bevorzugen ein „weißes Blatt“. Ich rate dir, vor der Einschulung Kontakt aufzunehmen, wenn du dich sorgst, dass sonst der Start schon herausfordernd sein könnte. Schatzt du das nicht so dramatisch ein, lass deinem Kind und der Schule die Chance, ohne Vorwissen beieinander anzukommen. Sollte es später Probleme geben, ist es früh genug für ein Gespräch.

KEINE ANGST VOR DEINEM REIFEN SCHULKIND

Bei euch verändert sich jetzt viel mehr als du denkst. Die Schule ist neu, aber auch dein Kind selbst und sein Blick auf die Welt wandeln sich. Da wird sich im Laufe der Grundschulzeit einiges tun. Erwarte nicht, dass du alle Veränderungen sofort bemerkst. Manche zeichnen sich erst in der 3. Klasse ab. Sei einfach vorbereitet auf das, was kommt, und hab keine Angst vor den großen Schritten deines Kindes.

Dein Kind braucht von dir vor allem **Mitgefühl.** Fühl mit, wenn es große neue Aufgaben zu meistern hat. Nicht nur im Babyalter muss es so viel Neues lernen, nicht nur in der Pubertät gibt es so unheimlich viele verunsichernde Momente. Auch diese Jahre jetzt sind wichtig und fordernd. Was ändert sich?

Grob betrachtet bleiben die menschlichen Bedürfnisse immer gleich: es gibt vitale, emotionale, soziale und kognitive. Das heißt, Menschen möchten gesund sein, gute Gefühle haben, in guter Verbindung mit anderen Menschen stehen und geistig gefordert sein. Schaust du genauer hin, ändert sich aber mit dem Alter die Art, wie diese Bedürfnisse zu erfüllen sind. Dein Grundschulkind geht Schritte von dir weg, hin zu sich (allerdings noch weniger deutlich als in der Pubertät). Das bedeutet, es sorgt stärker von sich aus dafür, dass es ihm vital und emotional gut geht und dass seine sozialen und kognitiven Bedürfnisse erfüllt werden. Was bedeutet das genau? Ich gehe mit dir durch alle wichtigen Bereiche, damit du vorbereitet bist.

Neues Selbstbild

Dein Kind wird dir nach und nach immer reifer vorkommen. Vielleicht war es mit 3 Jahren schon ein echtes Persönchen mit eigenem Kopf. Aber jetzt wird es immer mehr zur Person – zu einem Gegenüber, das du nicht nur weiterhin ernst nehmen solltest, sondern das auch immer losgelöster von dir ist. In vielen Bereichen verhält es sich schon nach kurzer Zeit deutlich „größer“ als im Kindergarten: Es sucht mehr Raum für sich und seine Wünsche und Ideen und sollte sich langsam besser kennen. Das bedeutet, es schätzt sich im besten Fall recht realistisch ein. Vielleicht überschätzt es sich aber auch oder fängt an, sich immer weniger zu mögen. Dann kannst du ihm helfen, sein Selbstbild geradezurücken

Mehr Selbstliebe

Durch den Vergleich mit seinen Freunden und Freundinnen sowie dank der stärkeren Unabhängigkeit von dir kann dein Kind sich immer mehr als eigene Persönlichkeit begreifen. Zu einer gesunden Entwicklung gehört dazu, dass es dabei lernt, sich anzunehmen und zu lieben so wie es ist. Im Grundschulalter kann dein Kind außerdem abstrakter denken als vorher. Das heißt, es kann auch über sich nachdenken: *„Bin ich kreativ? Sportlich? Schnell nervös? Tonangebend? Ein Teammensch? Ein Mathe-Ass? Ein Schussel?“* Damit baut es ein Bild von sich selbst auf und bekommt eine Einstellung zu seinem Ich: *„Ich mag mich. Da mag ich mich nicht so. Das kann ich super. Das macht mir Spaß, aber ich bin nicht so gut darin. Das kann ich nicht.“*

Ist dir schon das Thema *Glaubenssätze* begegnet? Erwachsene sprechen darüber, welche Sätze über sich selbst sie glauben und welche ihr Verhalten bestimmen. Diese Sätze sind in der Kindheit entstanden. Das heißt, bei deinem Kind entstehen sie jetzt. Sie reifen in den ersten Lebensjahren heran, und auch noch im Grundschulalter kannst du daran mitarbeiten, dass es stärkende Sätze werden. Beispiele dafür sind:

- *„Ich bin richtig so wie ich bin."*
- *„Ich kann X richtig gut."*
- *„Y kann ich nicht so gut, aber mache es trotzdem gern."*
- *„Ich werde gemocht."*
- *„Ich werde gebraucht."*
- *„Die Welt freut sich, dass es mich gibt."*
- *„Ich habe Menschen, die immer zu mir stehen. Ich muss dafür nicht perfekt sein."*

Lass dein Kind spüren, dass es liebenswert ist. Zeig ihm, dass es sich selbst mit all seinen Großartigkeiten und seinen Herausforderungen mögen darf. Das bedeutet, du sprichst zum einen darüber, aber du sorgst zum anderen auch für Situationen, in denen dein Kind fühlen kann, wie richtig es ist.

DEIN KIND BESTÄRKEN

Überrasch dein Kind mal mit einem großen Blatt, auf das du gemalt oder geschrieben hast, was du an ihm bewunderst.

Wie geht das? Redet, redet, redet über die Gefühle und Eindrücke, die beim Vergleichen und Selbstbewerten entstehen. Sprecht auch über Erfahrungen, die dein Kind gemacht hat: *„Wie war das mutige Gespräch mit dem Turntrainer?"* oder *„Wie lief die Diskussion mit der Freundin?"*

Sucht Stärken, aber auch Schwächen bei deinem Kind. Wenn du ihm zeigst, dass auch du das eine und das andere hast, dich damit magst und gut damit durchs Leben kommst, kann dein Kind sich leichter damit aussöhnen. Vielleich kannst auch du dich durch diese Gespräche noch ein Stück stärker lieben.

Und sorge für eigene Erfahrungen: Wenn du für dein Kind Verabredungen machst, kochst, Kleidung kaufst, einkaufst oder es nicht in Entscheidungen miteinbeziehst, erlebt es sich nicht in der echten Welt. Das ist aber notwendig, damit es wirklich spüren kann, wie kompetent es ist und dass sein Tun für die Familie eine große Hilfe ist. Gib ihm die Chance und gib ihm die notwendige Anleitung, um immer selbstständiger sein zu können. Es nimmt sich Bewältigungskraft mit.

Du kannst dein Kind hier sinnvoll begleiten – oder auch sehr störend.

Sinnvoll meint, dass dein Umgang mit ihm daran ausgerichtet ist, dass dein Kind in seinem Kopf und seinen Herzen Begriffe und Sätze sammelt, die es gut beschreiben und die ihm Halt geben. Das sind wieder die sogenannte *Glaubenssätze*, die ich dir schon vorgestellt habe. Im bestmöglichen Fall wären es zum Beispiel solche Sätze: *„Ich bin gut. Ich werde geliebt. Ich bin sicher bei meiner Familie. Ich werde wertgeschätzt.“* Aber auch: *„Ich bin laut/leise. Ich brauche viel/wenig Unterstützung. Ich spüre Leichtigkeit im Leben, wenn ich viel im Voraus plane/alles sehr spontan machen kann. Ich brauche viel/wenig Kraft, um mit meinen Gefühlen zurechtzukommen.“*

Das sind Aussagen darüber, wie es sich selbst und im Kontakt mit der Welt sieht. Und es sind Aussagen darüber, was es braucht, kann oder nicht so gut kann. Sie bilden sich in den Kindheitsjahren aus und haben viel damit zu tun, wie warm und sicher das Zuhause deines Kindes ist.

PERSPEKTIVENWECHSEL

Erzähl deinem Kind von einem Moment, in dem du heute das Gefühl hattest, es nicht gut verstanden zu haben. Frag, warum es so gehandelt hat. Beschreib, wie andere das gedeutet haben. Oder umgekehrt: Frag dein Kind, wie es dich wahrgenommen hat, als ihr euch beim letzten Mal gestritten habt. Welche Absicht hat es bei dir gesehen? Wie war es aus deiner Sicht? Kannst du die Kritik annehmen? Weißt du um deine herausfordernden Seiten?

Solche Gespräche helfen deinem Kind, leichter Perspektiven zu wechseln.

Unterstützte dein Kind dabei, sich stimmig einzuschätzen. **Dauerndes Loben ist genauso hinderlich wie ständiges Mäkeln.**

- Sei in guter Beziehung zu deinem Kind und lass es spüren, dass es bei dir einen sicheren Hafen hat. Das gelingt am besten, wenn du viel über kindliche Entwicklung weißt und dir sicher bist, dass du es ausreichend gut auf seinem Weg begleitest. Hast du das Gefühl, hier besteht bei dir ein Defizit, kann dir eine gute pädagogische Beratung dabei helfen oder eines der Bücher aus der Liste ab S. 220.
- Störend wäre hingegen, wenn du deinem Kind nur Honig ums Maul schmierst, viel zu viel an ihm unkritisch gut findest und lobst. Ebenso wäre es ungut, wenn du dein Kind ohne das Liebevolle im Blick behandelst: Hört dein Kind immer nur, was seine „Fehler“ sind, und spürt, dass es dir nicht vertrauen kann und alleingelassen wird, bilden sich sehr ungute Glaubenssätze aus.
- Gib deinem Kind liebevoll verpackte, aber realistische Rückmeldungen dazu, wie es sich verhält, wie andere es wahrnehmen oder auch was ihm liegt und was nicht so. Denk dran, möglichst persönlich zu beschreiben, viel nachzufragen und alle Gedanken mit deinem Kind einzusortieren. Hat es zum Beispiel einen Bereich, in dem es sich nicht mag oder schlecht findet, kannst du ihm helfen, das nicht zu negativ zu sehen, sondern als normal anzuerkennen.

Am besten ist es, wenn du dir angewöhnst, zu beschreiben, was du siehst, und Nachfragen zu stellen. Dazu gehören sicher auch immer mal wieder Gespräche, die ein bisschen schwerfallen.

- Persönlich beschreiben, anstatt nur zu loben: *„Es ist toll, dass du mir in der Küche hilfst, denn dadurch habe ich weniger Stress.“*
- Persönlich beschreiben und nachfragen: *„Ich finde es beeindruckend, wie viel Zeit du in das Bild gesteckt hast. Bist du zufrieden?“*
- Persönlich beschreiben und einsortieren: *„Das war ganz schön heftig Opa gegenüber. Ich denke mir, dass du so eigentlich nicht sein wolltest?“*

Die stärkere geistige Wachsamkeit ermöglicht es deinem Kind, sein neues Ich-Gefühl geradezu zu „feiern“: *„Ich kann was. Ich bin wer. Ich darf mehr.“* Positive Erfahrungen und eine gute Rückendeckung zu Hause können Selbstwert und Selbstvertrauen gesund in die Höhe steigen lassen. So entsteht Lebenslust, die es deinem Kind leichter macht, unangenehme Zeiten resilient zu bewältigen.

> **Resilienz**
>
> Bewältigungskraft (Resilienz) zu haben bedeutet, dass dein Kind Herausforderungen meistern kann. Resilienz meint, dass es annehmen kann, wenn eine unangenehme Veränderung ansteht, und dabei auch keinen nachhaltigen Schaden nimmt. Es hat die Power, mit guten Gefühlen aus Krisen herauszugehen. Es ist widerstandsfähig. Das schafft dein Kind, wenn es lebenslustig ist, seine Stärken kennt und ein beziehungsstarkes Umfeld hat. Von Geburt an sind Menschen unterschiedlich gut fähig zu resilientem Verhalten, aber gute Erfahrungen und stärkende Begleitung können die Resilienz verbessern.

Ein zu positives Selbstbild

Hilf deinem Kind auch dabei, beim Blick auf sich selbst realistisch zu bleiben. Neben der Selbstliebe und dem Glaubenssatz *„Ich bin gut!“* ist es wichtig, dass der Blick deines Kindes auf sich selbst nicht komplett abwegig ist. Es ist auf Dauer kein Gewinn, wenn es sich für den cleversten Typen der Schule hält, ohne dass das stimmt. Tritt dein Kind mit einem zu positiven Selbstbild auf, wird es bald Gegenwind bekommen. Und weist es ein zu negatives Selbstbild auf, kann das ausbremsen: *„Ich kann ja eh nichts und mache immer nur alles falsch – also fange ich gar nicht erst an."* Sein Selbstwertgefühl wird leiden, Ängste und Hemmungen können entstehen: *„Ich mach das gar nicht mehr. Das wird nur peinlich."*

Ein sehr positives Selbstbild ist toll, wenn dein Kind dadurch gute Erfahrungen macht, selbstsicher mit schlechten Erfahrungen umgeht und Hürden meistern kann. Es ist unter Umständen anstrengend, weil du ein intensives Gegenüber vor dir hast. Es ist auch ungut, wenn die Begeisterung für sich selbst zu stark und egozentrisch wird. Du bleibst die korrigierende Hilfe.

Beispiel: Manchmal erscheint dein Kind dir in einer bestimmten Situation richtig unangenehm bis eklig. Vielleicht gibt es an oder macht auch ein anderes Kind nieder. Schäm dich nicht dafür, denn Scham verursacht Ängste und Distanz, sodass du nicht beziehungsstark handeln kannst. Dein Kind verhält sich sehr selbstsicher und mit dem Gefühl, dass es im Vergleich mit anderen gewonnen hat und sie übertrumpft. Dahinter steckt nichts Boshaftes. Es ist erst einmal eher stark als schwach. Und dein Kind übt dadurch soziales Verhalten. Dazu gehören auch „Fehler". Sprecht darüber, wie das bei anderen ankommt, wie das Verhalten deines Kindes sie verletzen könnte. Appelliere an dein Kind, dass es die Gefühle der anderen mitbedenkt. Das wird ihm noch nicht immer so leichtfallen, denn die Fähigkeit entwickelt sich im Grundschulalter erst nach und nach.

Lies auch das Kapitel „Stolz" ab S. 89 zu diesem Thema, um nichts zu übersehen oder misszuverstehen.

UNANGENEHMES THEMATISIEREN

Mit deinem Kind über schwierige Verhaltensweisen zu sprechen, gestaltet sich schwierig? Es geht einfach weg, hält sich die Ohren zu oder weiß alles besser? Auch das ist nicht untypisch. Es wird immer autonomer. Und es mag sich nicht gern seinen Defiziten stellen – wer will das schon? Hilf ihm dabei, auch unangenehme Themen zuzulassen. Am besten geht das, wenn du erst einmal über Unangenehmes sprichst, das dich betrifft. Wann hast du dich wie der Elefant im Porzellanladen verhalten und bist anderen auf die Füße getreten? Wie hast du das wiedergutgemacht und insgesamt verändert?

Ein zu negatives Selbstbild

Oder hast du auch ein Kind, das sich immer weniger für sich selbst begeistern kann? Das kann passieren und liegt nicht immer an einem unangenehmen Umfeld (z. B. durch Mobbing) oder etwa nur an einer falschen elterlichen Begleitung (z. B. durch sehr autoritäres Erziehungsverhalten). Manchmal bewirken auch unschöne Vorerfahrungen (viel Kritik an seinem Verhalten durch Verwandte oder in der Kindergartenzeit), dass dein Kind sich dauernd eher schlecht sieht. Meist kommt mehreres zusammen und auch das Wesen deines Kindes kann eine Rolle spielen. Manche Kinder sind von Geburt an pessimistischer als andere. Dann braucht ihr Zeit und dein Kind Stärkung. Überlege:

- Wo kann es sich als stark erleben? Welche Leidenschaft kann es mehr ausleben? Ermögliche ihm das. Das ist hilfreicher, als wenn du ihm nur sagst, dass es toll sei. Und diese guten Gefühle wird es mitnehmen in eher herausfordernde Situationen.
- Mit wem kann es sich als stark erleben? Ein beziehungsstarkes Elternhaus ist großartig, aber weitere Bezugspersonen wie Großeltern, andere Erwachsene oder Jugendliche im Hobbybereich und auch andere Kinder sind ein hilfreiches Netz. Greif auf bestehende Kontakte zurück, aber sucht euch gerne auch neue Bezugspersonen.

Im Kapitel „Eifersucht“ ab S. 90 findest du sicher noch passende Gedanken, wenn dieses Thema dein Kind betrifft.

Du bestärkst und du hilfst deinem Kind zugewandt dabei, seine Gedanken und Gefühle zu verstehen.

STÄRKEN DURCH POSITIVES

Sieht dein Kind sich sehr negativ, hilf ihm, in den Bereichen, in denen es fit ist, mehr gute Momente zu erleben. Finde mit ihm neue, stärkende Orte und Bezugspersonen. In der Grundschulzeit orientierst du dich dafür am besten an seinen Leidenschaften. Lässt sich daraus etwas machen? Ein Kurs, eine Vereinsmitgliedschaft oder auch ein privat organisiertes Hobby nur in einer 1:1-Situation: dein Kind und eine erwachsene Person? Das kann zum Beispiel ein Tanzlehrer, eine Sportstudentin, ein bastelfreudiger älterer Schüler oder eine schachbegeisterte Nachbarin sein. Was ist bezahl- und organisierbar? Was ließe sich ehrenamtlich hinbekommen? Was bietet euer Stadtteil, was eine nahe Kirchengemeinde?

Ein Kind, das jede Woche merken darf, wie gut es in seiner Hockeymannschaft zurechtkommt oder wie sehr sich die Kaninchen freuen, weil sie von ihm so gut versorgt werden, hält beispielsweise Leselernfrust leichter aus. So hört dein Kind nicht nur, dass du es super findest, sondern merkt wirklich, dass es super ist. Jede gute Erfahrung im Tun und in anderen Beziehungen macht dein Kind stark, um sich nicht durch unschöne Erlebnisse schwächen zu lassen und sich zu negativ zu sehen.

Du kannst auch extra intensiv das Positive mit deinem Kind suchen und jeden Abend oder einmal die Woche sammeln und notieren, was gut war, was sich schön anfühlt, womit dein Kind (bei sich) zufrieden ist und mehr. Wenn ihr das auf Klebezetteln notiert und irgendwo anheftet oder aber in einem Büchlein aufschreibt, das nach und nach immer voller wird, kann die wachsende Sammlung über die Zeit richtig stärken. Nutze eure Beziehungsstärke!

Mehr Wissen durch Vergleiche

Vergleiche zwischen Kindern stehen immer wieder in der Kritik. Setzt sie sehr gewissenhaft ein. Gerade Grundschulkinder sind oft selbst sehr fixiert auf das Vergleichen. Sie wollen sich messen, wollen Wettkämpfe und auch Noten. Sie möchten gern möglichst überall eher gut abschneiden und sind (unterschiedlich stark) enttäuscht, wenn es anders läuft. Vergleiche sind für dein Kind aber ein wichtiges Mittel, um ein stimmiges Selbstbild aufzubauen. Darum ist auch ein schlechtes Abschneiden eine wichtige Erfahrung. Genauso wie deine Hilfe beim Einsortieren und Bewerten.

KONKURRENZKÄMPFE

Bei Geschwistern werden Konkurrenzkämpfe oft weniger, wenn das Älteste in die Schule kommt, weil sich die Berührungspunkte der Kinder im Alltag verringern. Streitigkeiten zu Hause nehmen dann ab. Die neue Konkurrenz sind die Kinder in der eigenen Klasse: „*Wer ist sportlicher, netter, klüger, schneller?*" Es wird verglichen.

Während Eltern sich oft notenfreie Schulen wünschen, geht das Grundschulkindern meist anders. Sie möchten wissen, was sie ausmacht und wo sie stehen, besonders im Vergleich zu den Mitschülerinnen und Mitschülern. Das kann für Kinder und Eltern manchmal schmerzhafte Momente bedeuten, aber sie sind wichtig für die Entwicklung.

Es ist normal, dass es auch dich ab und an piksen wird, wenn dein Kind bei Vergleichen und Wettkämpfen schlecht abschneidet und dass es das auch selbst alles andere als schön findet. Aber solche Erfahrungen musst und sollst du nicht von deinem Kind fernhalten.

Wie geht das? Hilfreich ist es, wenn du deinem Kind zeigst, dass es noch etwas Wichtigeres gibt als die Vergleiche mit den anderen: nämlich die Vergleiche mit sich selbst über die Zeit.

- *„Du bist nicht gut im Lesen? Wie viel besser ist es denn im Vergleich zu vor drei Monaten?"*
- *„Du hast Ärger bekommen, weil du diese Woche zweimal vor Wut jemanden geschubst hast? Wie viel besser hast du deine Wut aber schon im Griff als noch letztes Jahr im Kindergarten?"*
- *„Dir fällt das Zuhören und Stillsitzen so schwer? Wie viel länger schaffst du es aber schon als vor den Ferien?"*
- *„Du vergisst immer wieder Material zu Hause? Wir haben uns dazu aber Gedanken gemacht und Hilfen überlegt. Schau doch mal, wie viel besser es schon geht als davor!"*

Hat dein Grundschulkind Geschwister? Fällst du oder fallen andere besonders leicht ins Vergleichen? Das ist besonders riskant, denn Geschwister sind häufig die schlimmsten Konkurrenten. Die Reibung zu Hause ist durch die viele gemeinsame Zeit und durch die gleichen Bezugspersonen meist außergewöhnlich stark: *„Wer kann schneller die Treppe hinunterrennen?“*, *„Wer bekommt das größere Schnitzel?“* und *„Wer hat mehr Zeit mit Papa am Abend?“*

Vermeide also möglichst Geschwistervergleiche. Sie sind auch ohne dich schon da und stressen. Es hilft deiner Erstklässlerin nicht, zu wissen, dass dein Viertklässler schneller lesen konnte oder weniger Aufhebens um die Hausaufgaben gemacht hat. Solche Aussagen werden dein Kind eher frustrieren und seine Ablehnung steigern.

Wenn es sich selbst mit seinem Geschwisterkind vergleicht und sich zurückgesetzt fühlt, hilf wieder beim Einordnen und Bewerten:

- *„Ja, da ist Johann besser als du, aber er ist auch drei Jahre älter.“*
- *„Klar, Anni konnte das schon mit 6, aber sie war auch immer ein großer Bücherfan und ist zum Beispiel im Klettern gar nicht so fit wie du.“*
- *„Ich finde auch gemein, dass sie immer Wettrennen mit dir macht. Du solltest aber dran denken, dass ihre Beine länger sind als deine. Die Rennen sind gar nicht fair.“*

Du vergleichst hilfreich.

DRUCK RAUSNEHMEN

Heute geben Lehrkräfte und das weitere pädagogische Personal in den Schulen kontinuierlich Feedback. Benotete Tests und Arbeiten gehören genauso dazu wie ständige Anmerkungen zu (Fehl-)Verhalten auf Smileytafeln oder im Hausaufgabenheft. Das macht Kindern häufig unfassbaren Druck, obwohl sie auch selbst Vergleiche und Bewertungen suchen und für ihre Entwicklung brauchen. Das stresst häufig sogar die Kinder, die fast nur positive Rückmeldungen bekommen. Du kannst hier Druck rausnehmen:

- Hängt Noten zu Hause nicht zu hoch. Manchmal erwischst du dich vermutlich dabei, dich wegen der dritten schlechten Note hintereinander zu sorgen. Lass das nicht einfach unter den Tisch fallen, aber zwischen Anpacken und Panik besteht ein großer Unterschied. Es ist nur die Grundschule.
- Ordne mit deinem Kind die Bedeutung von Smiley- oder Ampelsystemen ein. Diese Rückmeldesysteme helfen den Lehrkräften, mit der großen Gruppe zurechtzukommen, aber sie schauen nicht darauf, was passiert ist und aus welchen Gründen. Sie helfen deinem Kind auch nicht dabei zu verstehen, wie genau es sich anders verhalten kann. Bedrückt das Thema sehr, sucht das Gespräch (Eltern, Lehrkraft und Kind), denn nur in Beziehung kann dein Kind lernen.
- Bewerte Hefteinträge nicht zu stark. Etliche Situationen sind Teil des Schulmorgens und müssen nicht detailliert zu Hause nachbesprochen werden. Frag dein Kind, ob es dazu etwas erzählen möchte, und unterschreib das Gelesene sonst einfach. Erst wenn sich Einträge häufen, solltest du Austausch mit der Schule suchen.

Bei guter Begleitung wird das Selbstbild ein positives und dein Kind ein selbstbewusstes: *„Ich kenne mich und mag mich auch mit meinen Ecken. Und die Menschen, die mir wichtig sind, mögen mich so auch.“*

Stärkere Orientierung an Geschlechterrollen

Das Erlernen geschlechtsspezifischer Rollenzuschreibungen gilt auch als Entwicklungsaufgabe für das Grundschulalter. Heutzutage wird das immer mehr aufgebrochen. Zum Glück ist die Welt heute offener und bunter. Manche Kinder spielen schon in diesem Alter und noch früher mit Klischees und Erwartungen und dürfen sich auch einfach frei entdecken. Doch für viele Kinder ist die klare Geschlechterrolle stabilisierend und ein sicherer Rahmen. Es ist ihnen extrem wichtig, sich klar einem Geschlecht zugehörig zu fühlen und das mit Stereotypen auch eindeutig zu leben. Das ist nicht immer das Geschlecht, das ein Kind bei der Geburt zugeordnet bekommen hat, in den meisten Fällen aber doch. Alle Kinder sollten den Raum für sich bekommen, den sie brauchen.

Begleite dein Kind offen und sensibel. Dann kannst du hören, welche Gedanken es sich zu dem Thema macht.

Wie geht das? Mithilfe von Büchern könnt ihr darüber ins Gespräch kommen, was ein Geschlecht angeblich ausmacht, was kritisch hinterfragt werden darf, aber auch was deinem Kind wichtig ist. Es muss nicht alles über Bord werfen, was rosa oder hellblau ist. Es sollte seinen eigenen Mix leben dürfen.

Du sortierst, nimmst an und schenkst Raum zum Ausprobieren.

RAUM FÜR EXPERIMENTE

Frag dein Kind, ob es etwas an einem anderen Geschlecht gibt, das ihm gefällt, aber das es selbst nicht ausleben mag. Und forscht mal nach, was die Gründe dafür sind. Mag es das eben nur an anderen? Oder sind da Schamgefühle, die es ausbremsen?

Neues Denken

Geistig hat dein Kind einiges zu schaffen. Einerseits sind da die schulischen Inhalte vom Erkennen einfacher musikalischer Noten bis hin zum Sachkundewissen rund um eure Heimatstadt. Andererseits geht es um die Kulturtechniken Lesen, Schreiben und Rechnen.

Zusätzlich kann dein Kind immer logischer denken. Beispielsweise wird es nun eher als im Kleinkindalter einsehen, dass die geplante Radtour bei Gewitter ausfallen muss. Damals sorgte die Neuigkeit noch für einen halbstündigen Wutanfall. (Jetzt immer noch? Dann lies unbedingt im Kapitel „Wut“ ab S. 83.)

Außerdem sind die Gedanken deines Kindes nun

- weniger magisch (Statt Fantasiegeschichten bekommt Reales mehr Bedeutung.),
- weniger egozentrisch (Es sieht auch die anderen Menschen.)
- und weniger an seine konkrete Wahrnehmung gebunden (Es kann besser über Hypothetisches oder auch Vergangenes sprechen anstatt nur über das, was gerade vor seinen Augen passiert.).

Sein Weltbild wird detailreicher. Sein Denken geschieht rascher. Dein Kind kann sich mehr merken als früher und ist mit der Zeit weniger leicht ablenkbar. Es hat dadurch auch sprachlich ganz neue Möglichkeiten. Wow!

Mehr Mitdenken und Wissen

Dein Kind wird neugieriger und wissbegieriger. Vielleicht hast du das schon deutlich am Ende der Kindergartenzeit gemerkt: Der Kopf deines Kindes ruft möglicherweise seither laut nach mehr Futter. Dabei ist die Verlockung groß, aus dem Vollen zu schöpfen und das Kind zu überladen.

Dein Kind braucht nicht ununterbrochen zusätzlichen intellektuellen Input. Überhäufe es nicht mit extra viel Fördermaterial. Nicht jedes gekaufte Spielzeug und jedes besorgte Buch muss einen ausdrücklichen pädagogischen Nutzen haben. Monster und Rülpsen sind auch altersgerechte Themen.

Du kannst immer wieder etwas besorgen oder planen, was du mit deinem Kind machen möchtest. Manchmal laden herumliegende Bücher, Hefte oder Poster ohne Druck dazu ein, mit ihnen zu arbeiten. Zeitweise werden neue Leidenschaften dazu führen, dass sich plötzlich alles nur noch um Ritter, die Arbeit der Polizei oder um Graffitikünstler dreht. Oft wird dein Kind aber auch rasch die Lust an dem einen oder anderen verlieren und in dir bleibt das Gefühl, Zeit vertan oder Geld umsonst ausgegeben zu haben. Kalkulier das mit ein. Auch im tollsten Mitmachmuseum kann es sein, dass dein Kind plötzlich nur die breiten Treppenstufen spannend findet und hopsen mag. Im Grunde ist das wie beim Essenlernen bei ganz kleinen Kindern: Da wird viel gematscht und eben auch manchmal vergeudet. Die Erfahrung ist trotzdem wichtig und gut.

Biete deinem Kind öfter die Gelegenheit, Dinge mit dir zu durchdenken. Das geschieht im Grundschulalter immer noch spielerisch, aber auch stetig mehr im Sprechen.

Wie geht das? Essens- oder Wochenendplanung, Sicht auf Großeltern oder Gleichaltrige, einfache News aus Sport, Wirtschaft oder Politik – alles kann dazugehören, wenn ihr Zeiten habt, die ihr in Ruhe miteinander verbringen könnt. Eure Beziehungsstärke hilft.

Kindernachrichten in Zeitungen oder Zeitschriften sowie im Fernsehen sind immer ein einfacher Anstoß, den Horizont zu erweitern und das Gehirn zum Arbeiten zu bringen. Wichtig ist dabei, dass dein Kind nicht nur Inhalte konsumiert, sondern auch Beziehung bekommt: Macht Dinge gemeinsam und sortiere sie mit deinem Kind im Gespräch. Wenn ihr außerdem zusammen entdeckt, wie die umweltpolitischen News sich auf das Leben deines Kindes auswirken, kann es die Neuigkeiten viel besser erfassen und behalten.

IN KONTAKT BLEIBEN

Hilf deinem Kind dabei, einen Lexikoneintrag oder ein Plakat zu einem Thema zu erstellen, das dein Kind sehr fasziniert, aber dem du bisher immer aus dem Weg gegangen bist.

Für dich ist außerdem wichtig: Manchmal ist das neue Denkvermögen deines Kindes anstrengend bis nervtötend. Die Wutanfälle aus der Autonomiephase sind passé, aber dafür stapelt es dir so lange Argumente vor die Nase, bis du nicht mehr reden magst. Puh, das ist mühselig. Äußere das ruhig, aber sag doch noch dazu, wie sehr du bewunderst, dass dein Kind das jetzt kann. Denn das ist definitiv eine großartige geistige Leistung. Es möchte unbedingt von dir verstanden werden. Hier ist dann außerdem die Chance, deinem Kind jenseits von Noten, die möglicherweise mal nicht so super sind, zu zeigen, dass sein Köpfchen doch ganz schön was draufhat.

Du hilfst deinem Kind beim Wachsen, beim Verstehen der Welt und bist gut in Kontakt. Du entdeckst die Welt auch intellektuell mit ihm.

SPASS HABEN

Anstatt gezielt und mit pädagogischem Anspruch Fördermaterial zu besorgen, kannst du dich auch auf den Spaßfaktor verlassen. Ein lustiges Bilderbuch, ein ungewöhnlicher Ausflug, unbekanntes Bastelmaterial, ein neues Gesellschaftsspiel oder ein gemeinsamer Kinobesuch regen das Gehirn deines Kindes genauso gut an.

Mehr Themen

Die Welt wird für dein Kind nicht nur größer, weil jetzt das Schulgebäude und Buchstaben oder Nachrichten dazugehören. Auch andere Themen rücken in sein Denken: Das Interesse an Medien wie Smartphones, Tablets, PCs oder Spielekonsolen steigt wahrscheinlich, das Thema Mobbing taucht auf, Sexualität und Aufklärung werden interessant, wenn die erste Mitschülerin oder der erste Mitschüler auf dem Schulhof etwas darüber erzählt. Dein ehemaliges Baby spürt immer mehr auch die rauen, schwierigen Seiten der Welt und kommt mit Themen in Kontakt, die dir im Umgang mit einem Kind nicht immer ein Wohlgefühl bereiten.

Nimm dein Kind in seinem intellektuellen Bedürfnis ernst und tabuisiere auf gar keinen Fall etwas. *„Dafür bist du noch zu klein"* ist eine Ausrede von Erwachsenen. Wenn dein Kind ein Thema aufgreift, ist es dafür nicht mehr zu jung, sondern braucht eine altersgerechte Auseinandersetzung damit. Wissen schützt, ganz egal ob es um sexuellen Missbrauch oder Handysucht geht.

Wie geht das? Manchen Eltern fällt es leicht, über jedes Sachthema mit ihrem Kind zu reden, anderen nicht. Wie ist es bei dir? Fühl dich nicht schlecht, wenn es dir eher schwerfällt. Wichtig ist, dass du dich dahinter nicht versteckst. Zu den großen Themen wie Medien, Mobbing und Aufklärung gibt es inzwischen gutes Infomaterial, ganz egal für welche Altersstufe. Gute Anlaufstellen sind die Websites vom Bundesfamilienministerium, den Initiativen *Schau hin* oder *Klicksafe* und oft auch die eigene Krankenkasse. Außerdem gibt es zahlreiche wirklich gute Bücher zu allen genannten Bereichen – einige Literaturtipps findest du ab S. 220. Mag dein Kind darin mit dir lesen? Manchmal mögen die Kinder aber lieber allein stöbern. Dann besorg eine Hörbuchausgabe oder lass ein neues Buch einfach mal auffällig liegen, sodass dein Kind es für sich entdecken kann.

Die Augen vor diesen Themen zu verschließen, wäre genauso unsinnig, wie einem Kind komplett Süßigkeiten zu verbieten. Solltest du unsicher sein, kann mehr Wissen zu jedem Bereich dich sicherer machen. Dann kannst du deinem Kind das Wissen mitgeben, das es benötigt, um sich beispielsweise bei Schulhofgesprächen nicht ausgegrenzt zu fühlen und Geschehnisse richtig einzuordnen.

In den Kapiteln „Aufklärung" (ab S. 111), „Digitale Medien" (ab S. 140) und „Mobbing und Cybermobbing" (ab S. 179) bekommst du noch mehr Ideen dazu, wie du mit deinem Kind über diese Themen sprechen kannst.

Du entdeckst neue Themen altersgerecht mit deinem Kind.

DIE WELT SELBST ENTDECKEN

Es gibt inzwischen nicht nur etliche Hörspiele, sondern auch viele gute Podcasts zu allen möglichen Themen speziell für Kinder aufbereitet. Was passiert, wenn jemand stirbt? Wie sieht der Alltag in Indien aus? Wie wird eine Autobahnbrücke gebaut? Was ist Pubertät? Wie leben gehörlose Menschen? Was bedeutet eigentlich Porno? Die Checker-Reihe der ARD/des BR ist sehr empfehlenswert, und es kommen immer wieder neue gute Formate auf den Markt.

Hochbegabung: „Das ist mir alles zu einfach!“

Schon im Kindergarten-, aber erst recht im Grundschulalter haben manche Kinder plötzlich eine Gedankenwolke über ihrem Kopf, in der hochbegabt steht. Erwachsene nehmen heute häufiger als früher besondere intellektuelle Fähigkeiten bei Kindern wahr. Manchmal sind es die Eltern, manchmal auch pädagogisches Personal, das mit den Kindern zu tun hat.

Hattest du bei deinem Kind schon den Gedanken? Konnte es früh sehr gut sprechen, hat sich intensiv für ein Thema interessiert, das nicht so kindertypisch ist, oder sucht es gern Gesprächskontakt zu Erwachsenen anstatt mit den Gleichaltrigen im Sand zu buddeln? Kommt dann noch in vielen Situationen eine motorische Unruhe hinzu, rückt schnell noch der Begriff „unterfordert“ mit dazu. Dann ist der Gedanke an eine mögliche Hochbegabung naheliegend.

Die Wahrheit ist: Es kann sein, dass dein Kind hochbegabt ist. Vielleicht ist es aber auch nur besonders intellektuell interessiert oder hat eher geistigen Input mitbekommen, weil du immer viel vorgelesen und mit ihm gesprochen hast. Vielleicht ist es nicht unterfordert, sondern einfach ein motorisch aktiver Typ. Dein Kind ist vielleicht besonders rasch in seiner Auffassungsgabe, interessiert sich für sehr komplexe Themen und zeigt sich dazu auffällig sensibel, wortgewandt und auch eher an Älteren und Erwachsenen interessiert als an Gleichaltrigen. Aber mehr auch nicht. Das können Anzeichen für eine Hochbegabung sein, müssen es aber nicht. Hochbegabung liegt seltener vor als gedacht. Nur etwa 2 Prozent der Kinder sind hochbegabt. Die Klärung benötigt eine genaue Diagnostik, keine Checklisten aus dem Internet. Der erste Weg sollte in eure kinderärztliche Praxis führen – allerdings auch nur, wenn es wirklich ein Problem und einen Leidensdruck gibt. Solange dein Kind gut zurechtkommt und die Schule auf seine Bedürfnisse eingehen kann, ist eine Testung nicht unbedingt erforderlich. Gibt es jedoch Schwierigkeiten, ist eine gute Diagnostik relevant, weil nur dann wirklich individuell zugeschnittene Förderung stattfinden kann.

Beziehe die Schule in alles mit ein, ruhig auch schon bevor du eine Diagnostik startest. Du musst dir nicht seltsam vorkommen, dort deinen Verdacht auf Hochbegabung zu äußern. Es kann sein, es kann nicht sein, aber wenn es deinem Kind mit seiner Art nicht gut geht, ist es richtig, dich auf die Suche nach der Ursache zu machen.

Wie geht das? Coaches für Hochbegabungsthemen gibt es wie Sand am Meer, Onlinetestungen auch. Verlass dich nicht darauf, sondern frag in eurer kinderärztlichen Praxis nach einer qualifizierten Stelle. Die Deutsche Gesellschaft für das hochbegabte Kind e.V. (DGhK) ist auch eine gute Anlaufstelle.

Was dein Kind dann unter Umständen im Alltag von dir benötigt, ist wieder sehr individuell. Wichtig ist aber der Gedanke, dass es auch nach einer festgestellten Hochbegabung nicht darum gehen sollte, dass dein Kind dauerhaft geistigen Input bekommt. Auch diese Kinder brauchen Raum für Kreativität, zum Entdecken und für Langeweile. Sie sollten geistig gefördert werden, aber mit viel Abwechslung. Und auch ein hochbegabtes Kind hat Bereiche, in denen es eher schwach ist. Verlier sie nicht aus den Augen. Manchmal ist das der soziale Bereich, das Freundefinden. Unterstütz dein Kind hier unbedingt. Sozial eingebettet zu sein, ist eine wichtige Stütze fürs Leben.

Neue Gefühle

Ein guter Zugang zu den eigenen Gefühlen ist die Grundlage für viele gesunde Entwicklungsschritte. Wenn dein Kind seine eigenen und die Gefühle anderer erfassen und benennen kann, kann es gut und leicht mit sich umgehen oder mit anderen auskommen. Es wird leichter Freundschaften schließen und kompromissfähig sein. Es nimmt Bewältigungskraft mit. Das Emotionale hängt immer eng mit dem Sozialen zusammen: Kommt dein Kind mit seinen Emotionen nicht gut zurecht oder kann es die Emotionen anderer nicht gut lesen, wird es immer wieder auf Schwierigkeiten mit anderen stoßen, weil Missverständnisse entstehen oder andere dein Kind anstrengend finden.

In den Jahren vor der Einschulung werden die Grundsteine gelegt, damit Kinder alle Gefühle kennenlernen und eine Idee bekommen, wie sie mit ihnen umgehen können. Kein Kind kann das allerdings in jeder einzelnen Situation, wenn es Schulkind wird – nicht mal Erwachsene können das. Und in der Grundschule kommen neue Einflüsse hinzu, die Gefühlslagen eventuell schwierig machen: die Anforderungen in der Schule und der neue Stress durch Druck, Überforderung oder Hektik, die wichtiger werdenden Gleichaltrigen, das Streben deines Kindes nach Unabhängigkeit von dir.

Mehr Raum für Gefühle

Jetzt können die Strategien deines Kindes im Umgang mit seinen Gefühlen noch besser werden:

- Dein Kind kann noch kompetenter mitdenken. Zum Beispiel wird es sich besser überlegen können, was es alles unternehmen könnte, wenn in ihm Wut entsteht, oder was es bedeutet, Scham zu spüren.
- Es ist empathiefähiger als früher. Dein Kind kann sich nun viel besser überlegen, was sein Gegenüber in bestimmten Situationen fühlt, und kann das in seine Entscheidungen miteinbeziehen. Das hat noch längst kein Erwachsenenniveau, aber deinem Kind ist deutlich mehr möglich als im Kindergartenalter.
- Es wird oftmals eine starke Eigenmotivation haben, gut mit seinen Gefühlen umzugehen. Weder möchte es im Streit jemanden hauen, um es sich mit niemandem zu verscherzen, noch bei Traurigkeit auf den Schoß der Lehrkraft krabbeln, um in der Gruppe nicht gehänselt zu werden.

Nicht nur der Umgang deines Kindes mit Gefühlen verändert sich, manche Gefühle bekommen auch einen größeren Platz: Scham und Stolz, Eifersucht, Frust oder Angst – am Schulmorgen können sie alle schnell auftauchen und brauchen Begleitung. Scham, wenn die Wortmeldung falsch war und andere lachen. Stolz, wenn die Arbeit vor der Klasse gelobt wird. Eifersucht, wenn die Freundin in der Pause mit anderen spielt. Frust, wenn all das Lernen wieder nur zu einer 4 führt. Angst, wenn ein Druckgefühl durch eine unsympathische Lehrkraft auftaucht. Die Situationen sind vielfältiger und oft schwieriger als im Kindergarten.

Überraschend ist manchmal, dass ein Kind zu Hause und in der Schule sehr unterschiedliche Verhaltensweisen und auch Strategien im Umgang mit seinen Gefühlen zeigt. Das ist nicht ungewöhnlich und hängt von verschiedenen, sehr individuellen Faktoren ab.

Gib deine Unterstützung zu Hause. Im Schulgebäude bist du nicht dabei, aber daheim kannst du zuhören und herausfinden, was dein Kind im Klassenverband gefühlt hat und womit es noch überfordert ist.

Wie geht das? Einfach nach Gefühlen zu fragen, führt bei vielen Grundschulkindern ins Nichts. *„Weiß ich nicht. Mag ich nicht drüber reden."* Leichter wird es, wenn du von dir erzählst:

- *„Heute war ich so wütend, weil meine Kollegin … "*
- *„Ich habe Angst um meinen Freund, weil …"*
- *„Mit 15 war ich einmal so stolz, als …"*

Beschreib die Situation heute oder damals, benenne die beteiligten Gefühle. Schildere deinem Kind deine Eindrücke, ob die Gefühle akzeptiert waren oder abgelehnt wurden, und wie deine Strategie im Umgang mit ihnen war. Warst du zum Beispiel wütend, weil deine Kollegin dir einen wichtigen Abgabetermin nicht genannt hat?

- Dann erzähl doch, dass auch Schamgefühl eine Rolle gespielt hat, weil du deswegen bei einem Termin nicht vorbereitet warst.
- Sag ehrlich, dass dir eigentlich danach war, sie anzubrüllen oder vor allen zu beschuldigen.
- Teile deine Überlegungen dazu, dass das nicht sinnvoll gewesen wäre, weil solche Ausbrüche und Rachegelüste die Situation nicht klären und nicht dafür sorgen, dass es beim nächsten Mal besser läuft.
- Gestehe, wenn du trotzdem einen Gefühlsausbruch hattest. Wie seid ihr damit umgegangen?
- Wie gut kannst du allgemein mit Frust, Scham oder auch Stolz umgehen? Was möchtest du für dich verändern? Und frag dein Kind, was es darüber denkt.

Die meisten Kinder hören solche persönlichen Berichte von ihren Eltern wirklich gern und auch deinem Kind kann es dadurch leichter fallen, von sich zu berichten: *„Ja, das kenne ich. Bei mir ist es so …"*

Daran kannst du wieder anknüpfen. Hör zu und frag nach. Ratschläge solltest du gar nicht unbedingt geben, es sei denn, dein Kind bittet dich darum. Im ersten Schritt kannst du die Frage aber immer zurückgeben: *„Hast du nicht eine Idee, wie es besser hätte laufen können? Wie würdest du dir solche Situationen wünschen?"*

Durch derartiges Beschäftigen mit Gefühlen und auch durch dein Vorbild in Sachen Strategien lernt dein Kind, immer besser mit seinen Gefühlen umzugehen. Wieder erlebt es eure Beziehungsstärke und erreicht Bewältigungskraft.

Wichtig für dich zu bedenken ist, dass es Zeit brauchen darf, bis dein Kind ein Gefühl verarbeitet hat. Kurzer Trost zum Beispiel macht nicht immer rasch alles wieder gut. Das war in den ersten Lebensjahren deines Kindes öfter mal so, aber mit steigenden geistigen Fähigkeiten dreht sich dein Kind auch länger in Gefühlen und Gedanken. Zeig ihm, dass es die Zeit hat.

Du nimmst Gefühle ernst und thematisierst sie mit deinem Kind!

ANDERE MENSCHEN BEOBACHTEN

Neben Gesprächen kannst du vor deinem Kind im Alltag immer mal wieder die Mimik, Gestik und Handlung anderer Menschen ansprechen: *„Schau mal, wie begeistert er guckt, aber er mag das gar nicht richtig zeigen!"*, *„Oh, ich glaube sie schämt sich. Ihr Gesicht ist ganz versteinert."* Gemeinsam kommt ihr Gefühlen auf die Spur, habt Worte dafür, könnt bei anderen Menschen mitfühlen und überlegen, wie gute Strategien aussähen.

Wut: „Ich hab' schon wieder einen Eintrag bekommen!"

Wut und Frust kennt dein Kind spätestens seit der Autonomiephase, vielleicht schon aus dem Babyalter, als das Krabbeln nicht gelingen wollte. Seither konnte es so manche Strategie ausprobieren, um mit diesen starken Gefühlen zurechtzukommen, und du hattest schon so einige Tage, an denen dir dein Wutzwergkind die letzten Kräfte geraubt hat. Zum Glück können die meisten Schulneulinge in vielen Situationen bereits steuern, dass sie bei Wut nicht sofort zuzuschlagen. Ihren ersten Impuls haben sie oft ganz gut unter Kontrolle. Sie schaffen es meist, trotz Frust über eine schwer erfüllbare Aufgabe weiter am Tisch sitzen zu bleiben und es nochmal zu versuchen – sie sind *frustrationstolerant.* Das ist ein wichtiger Teil der Schulreife.

Leider bringt der Schulalltag aber meist ziemlich viele Momente mit sich, die dein Kind vor eine harte Prüfung stellen: wieder eine schlechte Note, wieder eine Hausaufgabe vergessen, wieder ein Kind auf dem Schulhof, das ihm einfach ein Bein stellt, und kein Erwachsener ist gleich in der Nähe, der hilft. Tut sich dein Kind aufgrund der Menge der ärgerlichen Momente schwer, seine Impulse zu kontrollieren und seine Wut im Zaum zu halten, erfährst du das meist recht schnell.

Besonders impulsive, eher ungehemmte Kinder haben ein Problem damit, rechtzeitig den Pausenknopf zu drücken, bevor sie handeln. Wenn auch dein Kind rasch reagiert, ohne darüber nachzudenken, was es tut, wird es sicher häufiger als andere mit einem Hefteintrag nach Hause kommen. Von dir braucht es dann keine weitere beschämende Standpauke, sondern einen hilfreichen Blick, mit dem es etwas verändern kann.

Wie geht das? Anstatt zu wettern, wie unmöglich ein Wutausbruch war, ist es wichtig, dass du deinem Kind zuhörst, wie es so weit kam, damit ihr für die Zukunft bessere Wege finden könnt. Schau mit deinem Kind, wie es zu dem Eintrag gekommen ist und was es anders machen kann:

- Lass dir ohne Vorurteile erzählen, was passiert ist. Was ist geschehen, dass es sich in einer ausweglosen Situation wiedergefunden hat? Es geht nicht um Schuld, sondern um Anteile auf dem Weg in die Katastrophe. In der Regel hat nie nur eine Seite die Verantwortung dafür.
- Frag dein Kind, wie es wohl den anderen Beteiligten ging, und hilf ihm, die anderen Seiten zu sehen.
- Überlegt, was schiefgelaufen ist. An welcher Stelle hätte dein Kind etwas anders machen können? Hätte es zum Beispiel Hilfe holen oder einen Schritt von der Person wegmachen können, auf die es wütend war? Oder hätte dein Kind etwas anderes mit den Händen machen können als zu schubsen oder zu hauen?
- Egal, ob es um ein anderes Kind oder um eine frustrierende Aufgabe oder Note ging: Was könnte dein Kind mitnehmen, um Wut und Aggressionen in Zukunft in der Schule anders herauslassen zu können? Manchen Kindern hilft ein kleiner *Wutball* oder Ähnliches, der in der Hostentasche steckt oder an einer Gürtelschlaufe befestigt ist. So ist der Gegenstand immer sofort greifbar und kann kräftig zerquetscht werden, wenn der Groll deines Kindes zu groß wird.
- Überlegt, ob dein Kind etwas wiedergutmachen kann oder sich entschuldigen sollte.

Überlegt auch gemeinsam, ob dein Kind eine neue Strategie braucht, um den Pausenknopf drücken zu können. Eine gute Möglichkeit ist, mit deinem Kind auf Zeichen zu achten, die ihm zeigen, dass es gleich übermütig wird: Vielleicht bewegt es sich dann auffallend stark, fängt eher an, andere zu berühren, oder seine Stimme wird lauter. Sobald es diese Signale in der Schule bemerkt, kann es ...

- bewusst einen Schritt zurückmachen oder sich selbst in den Arm nehmen, um zum Beispiel nicht zu schubsen.
- einen ausgedachten Lautstärkeknopf an seiner Schulter drehen, um leiser zu werden.
- mit dem Fuß fünfmal auf den Boden tappen, bevor es reagiert. Das reicht manchmal schon, um aus dem ersten Impuls herauszukommen.

Dein Kind wird bewältigungskräftig.

FEEDBACK

Hast du das Gefühl, dein Kind bekommt eigentlich nur negatives Feedback? Dann ist es nicht nur wichtig, mit deinem Kind und der Lehrkraft zusammen auf Ursachenforschung und Lösungssuche zu gehen. Bitte außerdem darum, dass die Rückmeldungen bestärkender ausfallen: Zum Beispiel könnte das Negative nur einmal die Woche notiert werden und es sollte immer auch etwas Positives genannt werden. Außerdem sollen sich alle darauf konzentrieren, zu sehen, was das Kind gut kann, anstatt immer nur anzumahnen, was es lassen soll.

Du kannst eine Lehrkraft oder eine Fachkraft aus der Nachmittagsbetreuung daran erinnern und so helfen, ihre Beziehung zu deinem Kind zu verbessern.

Wieder ist es in derlei Situationen wichtig, dass du deinem Kind **Zutrauen und Optimismus** vermittelst. Jeder scheitert mal an seiner Wut. Wann ist es dir zuletzt passiert, dass du ungestüm vor Ärger deine Kaffeetasse umgehauen hast? Wie gehst du jetzt damit um? Warum glaubst du, dass dein Kind das eigentlich besser kann? Wann hat es seiner Wut schon gut Luft gemacht?

Deine Begleitung, dein Zuspruch und die gemeinsame Suche nach Antworten auf die Frage *„Was kann ich denn stattdessen tun?“* helfen deinem Kind dabei, an dieser Stelle Bewältigungskraft zu spüren. Unter Umständen kann es auch sinnvoll sein, all diese Themen mit in ein Dreiergespräch mit der Lehrkraft zu nehmen. Dann sieht die Schulseite, dass ihr daran arbeitet, und die Klassenleitung kann deinem Kind dabei unter die Arme greifen, andere Strategien wirklich am Schulmorgen zu nutzen.

In meinem Buch „Mein wunderbares wildes Kind“ (humboldt, 2021) findest du viele weitere Impulse für den Alltag mit deinem wilden Grundschulkind.

GEFÜHLE AUSHALTEN

Das Herausfordernde an der Wut ist gar nicht nur das Rauslassen der Energie, sondern das Gefühl an sich. *„Ich bin unzufrieden.“* ist eine Emotion, die dein Kind kennenlernen muss und die es als Teil des Lebens annehmen darf. Es ist normal, dass nicht immer alles rundläuft. Und es ist nicht okay, dann jedes Mal zu eskalieren.

Du kannst deinem Kind dabei helfen, Frust leichter als normal anzunehmen, wenn es bei dir zu Hause Langeweile erleben und selbstständig füllen darf, ohne dass du ständig animierst. Lass es außerdem in Spielen merken, dass Verlieren und Rückschläge kein Weltuntergang sind. Und sei vor allem ein Vorbild darin, Frust sinnvoll rauszulassen (ein lauter Brüller, ein paar kräftige Stampfer oder eine Runde Joggen?) und dann auch abzuschütteln.

Überforderung und Scham: „Ich schaff' das nie und bin peinlich!"

Ein besonderer Bereich, der zu Wut und Frust führen kann, sind Misserfolge und Peinliches. Häufig sorgen derartige Erfahrungen für Rückzug statt für lautstarkes Wüten, denn dein Kind entwickelt im Grundschulalter ein stärkeres Schamgefühl. *„Alle lachen über mein Aussehen oder meine Fehler!"* Mit solch einem Gefühl ist es verständlich, wenn dein Kind den Wunsch verspürt, die überfordernden Situationen zu meiden. *„Ich geh da nicht mehr hin!"* ist ein logischer Gedanke, aber er hilft deinem Kind nicht weiter. Mal abgesehen davon, dass die Schulpflicht das nicht zuließe, würde es auf diesem Weg auch nicht lernen, mit dem Stress gut umzugehen. Dein Kind braucht Stärke und Unterstützung.

Wie geht das? Wieder ist das beziehungsstarke Gespräch der erste Schritt. Was genau fühlt sich überfordernd an? Wo hakt es? Ist die Situation wirklich schlimm oder fehlt deinem Kind nur ein Gespür dafür, dass Unangenehmes und fehlende Perfektion zum Leben dazugehören?

- Vermittle deinem Kind Gelassenheit: Heutzutage fühlen sich Kinder schnell unter Druck, wenn nicht alles tiptop ist. Sie werden an so vielen Stellen bewertet, gemessen und nach Defiziten beurteilt, dass das gar kein Wunder ist. Dein lockerer Umgang mit Mankos oder einfach nur mit Andersartigkeit ist wichtig, damit dein Kind erkennen kann, dass es in seiner Art einfach okay ist.
- Nimm seine schlechten Gefühle dennoch ernst. *„Du bist so toll. Du musst dich nicht vor anderen schämen."* ist zu simpel. Dein Kind ist zwar toll, aber es schämt sich ja. Also schaut die Scham an: Sie entsteht, wenn andere dein Kind so behandeln oder kommentieren, dass es sich minderwertiger fühlt. Ist es denn wirklich schlechter oder nur anders? Und ist das Gegenüber nicht auch unperfekt? Mit welchem stärkenden Satz im Kopf kann es beim nächsten Mal in die Situation gehen? Zum Beispiel *„Du hast auch schon etwas Falsches in Deutsch gesagt!"* oder *„Deine Pupse stinken auch!"*

- Überforderungs- und Schamgefühle können stärker wirken, wenn dein Kind innerlich grundsätzlich sehr nervös und unruhig ist. Sucht daher gemeinsam Entspannung. Sie sollte immer im Alltag stattfinden, nicht nur dann, wenn es deinem Kind gerade schlecht geht. So kann sein Körper sich daran gewöhnen, eher wenig Stressgefühl zu spüren. Bewegung und körperliche Nähe sind gute Starter: Unternehmt viel zu Fuß, geht gemeinsam balancieren, schaukeln oder auf ein Trampolin, massiert euch gegenseitig und macht Kitzelspiele. Je regelmäßiger, desto besser.

Das grundlegende Thema ist der Selbstwert. Dein Kind sollte fühlen und wissen, dass es okay ist und gute Fähigkeiten hat. Sag ihm das, sorge aber auch für Momente, in denen dein Kind das echt spürt oder auch von anderen zurückgemeldet bekommt. Das Fördern von Freundschaften gehört hier dazu: Ermögliche deinem Kind, Freunde zu treffen, mit ihnen dort oder bei euch zu übernachten und andere schöne Erfahrungen zu machen. Dann es gar nicht mehr so tragisch, ausgelacht zu werden.

ENSTPANNUNG

Euer Alltag ist sicher an vielen Stellen hektisch. *Entschleunigung* und *Zeit für Entspannung* sind schnell dahingesagte Schlagworte, aber wo sollt ihr das wirklich unterbekommen? Es kann ein erster Schritt sein, einen neuen Weg pro Woche gemeinsam und zu Fuß zu planen oder nach dem Abendessen noch eine Runde gemeinsam draußen zu drehen und euch eine Geschichte auszudenken, statt vorzulesen. Ebenso könnt ihr beim Vorlesen auf dem Sofa oder im Bett eine Runde Rücken- oder Armmassage zum Ritual machen: Wer liest, wird verwöhnt.

Stolz: „Ich bin so super!"

Dein Kind lernt jeden Tag Neues. Nicht nur in Sachkunde, sondern zum Beispiel auch im sozialen Miteinander. Es wächst innerlich genauso wie äußerlich und das kann an vielen Stellen auch dazu führen, dass es richtig zufrieden mit sich ist. *„Ich bin supertoll."* ist sicher nicht das schlechteste Gefühl. Es ist gut, wenn dein Kind merkt, welche Fähigkeiten es erlernt und worin es prima ist oder sogar besser als andere. Diese Freude darf es teilen. Das gehört zur Entwicklung des gesunden Selbstbildes dazu.

Nur mit der Dosierung von Stolz muss dein Kind ein wenig aufpassen, damit es unter den anderen in der Klasse nicht als Angeber oder Angeberin abgestempelt wird. Auch ist es ein Unterschied, ob es sich rühmt, gut zeichnen zu können oder aber schlanker zu sein oder die teurere Jeans zu tragen. Um Äußerlichkeiten geht es heutzutage leider immer früher.

Schau mit deinem Kind hin, was für einen Stolz es tatsächlich in sich spürt.

Wie geht das? Frag dein Kind, was ihm so gut an dem Thema gefällt, auf das es stolz ist:

- Freut es sich, weil es Fortschritte gemacht hat oder endlich mal als besonders fähig gesehen wird und von anderen Lob erhalten hat?
- Oder freut es sich, weil ein anderes Kind, dem sonst vieles zufällt, endlich mal „das schlechtere" ist?

Die Frage ist also: Schaut dein Kind auf sich? Ist es sich seiner selbst bewusst und sich selbst etwas wert? Dann ist Stolz unbedingt angebracht. Schaut es hingegen eher auf die anderen und mag das Gefühl, dass jemand anderes schlechter dasteht als es selbst, ist der Stolz kein guter. Dann hilf deinem Kind, herauszufinden, auf was an sich es stolz sein kann, ohne sich mit anderen zu vergleichen.

VERSTECKTE UNSICHERHEIT

Zeigt dein Kind sich besonders laut und angeberisch, fühlst du dich wahrscheinlich eher unwohl damit und empfindest sein Verhalten als unangenehmes Gehabe, das es doch bitte lassen soll. Wichtig ist aber immer, dahinter zu schauen. Warum hat dein Kind das Gefühl, sich derartig zeigen zu müssen? Manchmal fehlt nur das Gespür dafür, dass andere das als unangenehm empfinden könnten. Dann erkläre ihm das: Stolz ist gut, aber jemand, dem etwas nicht so gut gelungen ist, fühlt sich daneben unter Umständen sehr schlecht.

Manchmal steckt aber auch Unsicherheit hinter dem scheinbar so sicheren und von sich selbst überzeugten Verhalten. Nimm auch dann den Selbstwert deines Kindes in den Blick: An welcher Stelle kannst du stärken, dass es sich selbst wirklich als richtig, sicher und stark empfindet?

Lies auch das Kapitel „Ein zu positives Selbstbild“ ab S. 63, um genau zu verstehen, wann Stolz zu viel sein kann.

Eifersucht: „Alle sind toller als ich!“

In der Grundschule kann es passieren, dass Ausgrenzung gemeiner wird als im Kindergarten. Galt damals noch einen Tag lang *„Ich lade dich nicht zu meinem Geburtstag ein, weil du die schönere Schaufel hast.“*, kann es jetzt schon mal zu einem dauerhaften *„Du bist doof, du hast Billigschuhe.“* kommen. Merkst du, dass dein Kind sich benachteiligt fühlt, weil andere vermeintlich tollere Sachen besitzen, ihnen der Schwimmunterricht leichter fällt oder sie die besseren Freundschaften haben, braucht es deine Hilfe, um mit dieser Eifersucht umzugehen. Hilf ihm also dabei, statt der Eifersucht lieber gesunden Stolz zu entwickeln.

Wie geht das? Eifersucht entsteht, wenn dein Kind das Gefühl hat, nicht genug zu bekommen oder zu sein. Ein Weg aus diesem Gefühl heraus ist also, deinem Kind dabei zu helfen, sich zu sehen und wertzuschätzen. Das ist viel wichtiger als zu bewerten, ob Annika wirklich besser vorlesen kann oder Fynn tatsächlich die exklusiveren Turnschuhe trägt.

- Sammelt mal, in welchem Moment dein Kind sich anders, besser gefühlt hat. Wer war dabei? Was hat es getan? Daraus könnt ihr ableiten, womit dein Kind sich gut fühlt, und versuchen, für mehr derartige Momente zu sorgen.
- Drück deinem Kind einen ausgedachten Zauberstab in die Hand: Was würde es sich herbeihexen, um sich besser zu fühlen? Nur Materielles? Nur unrealistische neue Eigenschaften? Gibt es auch etwas, das erreichbar ist, weil dein Kind es üben könnte?
- Und sammelt auch, zu was dein Kind schon wertschätzende Rückmeldungen bekommen hat. Es wird nicht immer gleich fühlen können, dass *„Du warst so hilfsbereit, als der neue Mitschüler kam."* mehr Bedeutung hat als *„Greta macht die besten Geburtstagspartys."*, aber euer Sprechen darüber und dein Fokus darauf stärken über die Zeit.

Eine besonders herausfordernde Eifersucht ist die, wenn ein Freund oder eine Freundin deines Kindes sich plötzlich mehr mit jemand anderem treffen möchte. Solche Wechsel sind leider auch im Grundschulalter noch häufig. Es ist verständlich, dass du deinem traurigen Kind dann stark unter die Arme greifen möchtest, aber misch dich nicht zu sehr ein. Andere Eltern anzurufen und um ein Kitten des Kontaktes zu bitten, ist meistens nicht sehr sinnvoll. Du kannst versuchen, die Kinder über Verabredungen wieder in Kontakt zu bringen und schauen, ob das hilft. Aber manchmal wird es nur dein Job sein, dein Kind beim Trauern und Bewältigen zu begleiten: Warum passt es jetzt nicht mehr? Wer passt besser? Was war auch schwer an der kaputten Freundschaft? Wie kann dein Kind sich gut ablenken und sich wieder wertgeschätzt fühlen? Zum Beispiel geht das in neuen

Beziehungen zu Erwachsenen: zur Nachbarin, die Hilfe beim Einkaufen benötigt, oder zum Nachbar, dessen Hund ausgeführt werden muss.

Angst vor Noten: „Was ist denn, wenn es wieder eine 4 ist?"

Ängste gehören zum Leben dazu. Gerade Kinder haben in der Regel verschiedene Phasen, in denen sie sich vor dem einen oder anderen ängstigen. Sie können noch nicht reflektiert an die Themen herangehen, haben viel Fantasie und sind ihren Angstgefühlen stark ausgeliefert. Auch im Grundschulalter ist das noch so und dein Kind muss mit dir gemeinsam *Bewältigungskraft* entwickeln, um mit Ängsten zurechtzukommen.

DEINE SCHULÄNGSTE

Bei Erwachsenen sind Ängste auch oft noch eng mit Schule verknüpft, da Druck und Abwertung leider immer wieder Teil der Schulerfahrungen waren und sind. Hast du welche? Dann kann es sein, dass dein Kind von zwei Seiten beeinflusst wird: durch die eigenen Ängste und durch deine Aussagen oder Sorgen. Versuch unbedingt, letztere von deinem Kind fernzuhalten und an anderer Stelle zu besprechen.

Eine klassische Schulangst ist die vor schlechten Noten. Eigentlich ist das eine Bewertungsangst: *„Bin ich gut genug? Reicht mein Können aus?"* Jedes Kind hat hier unterschiedlich starken Bammel. Das hängt davon ab, wie pessimistisch sein Wesen ist, welche Erfahrungen es schon gemacht hat, aber auch wie selbstsicher es zwischen seinen Mitschülerinnen und Mitschülern sitzt und wie es zu Hause den Umgang mit Noten erlebt. Von dir braucht es hier einen vorbildhaften Umgang mit Fehlern und Ärgernissen. Niemand lernt motiviert und gesund, wenn ihm Druck gemacht wird.

Wie geht das? Stärke dein Kind im Vorfeld sowie in dem Moment, in dem das gefürchtete Ereignisse tatsächlich eintrifft.

- Sobald dein Kind seine Notenangst äußert, ist es an dir, sie nicht einfach mit einem Satz wegzuwischen, sondern sie ernst zu nehmen: *„Ich verstehe deine Angst. Das kenne ich auch noch."*
- Dann hilf ihm dabei, dass das Gefühl kleiner wird. Dafür ist es gut, wenn dein Kind aktiv wird: Kann es noch etwas lernen? Kannst du mit ihm noch etwas vorbereiten? Gibt es ein YouTube-Lernvideo zum Thema, das es noch anschauen kann? Und welches Fach liegt deinem Kind mehr? Niemand kann überall top sein.
- Steht wieder eine schlechte Note auf dem Blatt, braucht dein Kind Trost: Erst eine Umarmung, dann ein gemeinsames Hinschauen, was es gut gemacht hat im Test, und schließlich ein Überlegen, was ihm noch schwerfällt. Wenn du zusichern kannst, noch ein bisschen mehr zu unterstützen, ist das oft die halbe Miete, denn dein Kind fühlt *„Ich bin nicht allein."* und *„Es ist nicht schlimm."*

Vergiss nicht darauf zu schauen, wie perfektionistisch du selbst bist. Fragst du dich oft, ob du gut genug bist, und willst alles zu 120 Prozent erledigen? Dann nimmt dein Kind das wahr und hat dich zum Vorbild. Das kann seine Angst befeuern. Verändert also beide etwas und übt, bewusst unperfekt zufrieden zu sein: *„Das reicht. Das ist gut genug."*

Manchmal kann es auch sein, dass dein Kind vor der Schulzeit einfach sehr wenige negative Erlebnisse hatte und die Noten deshalb so gruselig wirken. Du kannst ihm hier ein wenig unter die Arme greifen, wenn du dafür sorgst, dass es Rückschläge und Frustration erleben darf. Das geht gut, wenn du dein Kind anhältst, nicht sofort aufzugeben, weil das Handballtraining einmal doof gelaufen ist oder das Bastelprojekt in sich zusammenfiel. Schone dein Kind auch bei Gesellschaftsspielen nicht. Das sind gute Gelegenheiten, Verlieren als gar nicht mal so fürchterlich wahrzunehmen.

Bemerkst du, dass eine Angst immer stärker auf dein Kind einwirkt und es in seinem täglichen Leben einschränkt oder dass aus einer Angst allmählich ganz viele Ängste werden, sprich unbedingt mit eurem Kinderarzt oder eurer Kinderärztin. Es gibt viele Hilfsmöglichkeiten und je früher man startet, desto besser. Länger als drei bis sechs Monate solltest du nicht darauf hoffen, dass du das allein mit deinem Kind wieder in den Griff bekommst, wenn sich keine Fortschritte zeigen.

Bleiben auch schlechte Noten, begleite dein Kind damit nicht allein. Sucht lieber früher als später den Kontakt zur Klassenleitung, damit dein Kind spürt, dass es nicht darum geht, ihm Stress zu machen, sondern darum, ihm zu helfen.

Angst vor Vorträgen: „Ich mag nicht reden, wenn mich alle angucken!“

Angst davor sich zu melden, einen kleinen Vortrag zu halten oder auch im Sportunterricht etwas vormachen zu müssen, gehört ebenfalls in den Bereich der Bewertungsangst: *„Was sollen die anderen denken?“* Besonders schüchterne Kinder kämpfen mit diesem Thema, aber auch extrovertierteren Kindern kann es Sorgen machen, vor anderen Leistung zeigen zu müssen. Gerade wenn sie schon einmal ausgelacht wurden. Damit dein Kind sich dennoch traut, braucht es Hilfe.

Wie geht das? Dein Kind muss versuchen, seine innere Hemmschwelle zu überwinden: *„Ich probiere das. Ich bereite mich gut vor und dann traue ich mich.“* Wieder benötigt es von dir dazu im ersten Schritt ein Anerkennen seines Angstgefühls und kein *„Du musst keine Angst haben.“* Sie ist da. Schaut hin:

- Wovor genau hat dein Kind Angst?
- Kann das Beängstigende tatsächlich passieren?
- Ist es sehr wahrscheinlich oder eher nicht?

- Und wenn etwas passiert – zum Beispiel Auslachen oder ein Blackout im Vortrag – was kann dein Kind in dem Moment tun? Ideen zu haben, wie es bei Angst aktiv werden kann, ist ein entschiedener Schlüssel, um das Gefühl kleiner werden zu lassen.

Eine andere Hilfsmöglichkeit ist es, Situationen außerhalb der Schule zu finden, die deinem Kind ähnliche Ängste machen: das Bestellen in der Bäckerei, das Anrufen beim Turnverein, um eine Frage loszuwerden, die Nachfrage im Restaurant, wenn der Ketchup fehlt? Diese Situationen kann es üben, wenn du dabei bist. Jede kleine positive Erfahrung hilft dabei, auch die Schulängste kleiner werden zu lassen und die Bewältigungskraft größer.

Angst vor Klassenfahrten: „Ich mag nicht ohne dich verreisen!"

Eine weitere typische Angst im Zusammenhang mit Schule ist Trennungsangst: Angst davor, ohne die Eltern sein. Das ist die häufigste Ursache für Schulverweigerung in der Grundschule. Besonders intensiv und bedeutend wird sie, wenn es bei einer Klassenfahrt um mehrere Tage und Nächte ohne die Eltern geht. Die geistige Reife der Kinder ist hier Fluch und Segen: Gut ist, dass dein Grundschulkind sich besser überlegen kann, wie weit die Jugendherberge weg ist und wie schnell du im Notfall dort sein könntest. Gut ist, dass es inzwischen weiß, wie lang zwei Nächte und drei Tage in etwa sind. Schlecht ist, dass es sich besser überlegen kann, was alles passieren könnte. Spürt es eine große Verunsicherung und Abneigung gegen eine bevorstehende Schulreise, braucht es deine Stärkung.

Wie geht das? Wichtig ist nicht so sehr, dass dein Kind die ganze Reise schafft, sondern vor allem, dass es erst einmal mitfährt. Hilfreich ist es, seine Angst genauer anzuschauen:

- Hat es Angst, ohne dich zu sein?
- Hat es Sorge, mit ihm unangenehmen Kindern in ein Zimmer zu kommen?
- Fragt es sich, wie es dort duschen oder sich nach der Toilette immer gut saubermachen soll?
- Macht es sich Gedanken um das Essen?

Findet heraus, was genau dein Kind umtreibt, und packt das Thema an:

- Was kann es mitnehmen, um dich nicht zu sehr zu vermissen?
- Was ist Plan B, wenn das Heimweh riesengroß wird?
- Kann es im Vorfeld schon mal woanders übernachten und merken, dass das gar nicht so schlimm ist?
- Kann im Vorfeld geklärt werden, wie die Zimmerbelegung ist?
- Könnt ihr euch im Internet angucken, wie die Waschräume aussehen und zur Sicherheit viele Wechselsachen, Feuchttücher und andere Hilfsmittel einpacken?
- Kann dein Kind ein paar gesunde Snacks mitnehmen, die helfen können, satt zu werden, wenn es ganz unliebsame Speisen gibt?

Geht die Angst an. Mach dein Kind aktiv, damit das Gefühl nicht zu groß wird.

Hilfreich ist außerdem, wenn dein Kind versteht, warum es mit auf Klassenfahrt soll. Die Klassengemeinschaft soll sich in echten Situationen erleben und miteinander zurechtkommen. Das stärkt alle und macht genauso gute Gefühle von Bewältigungskraft wie dein Kind sie neulich hatte, als es sich zum ersten Mal auf den hohen Kletterturm traute und später von ganz oben stolz heruntergucken konnte. Daher ist es so wichtig, dass es die Fahrt zumindest ausprobiert. Formuliere dein Zutrauen: *„Ich glaube du kannst das. Und ich glaube, du würdest dich danach richtig gut fühlen.“*

Angst vor Trennung oder vorm Schulweg: „Ich geh da nicht alleine hin!“

Auch ohne Klassenfahrt kann Trennungsangst groß werden und dein Kind einschränken. Vielleicht mag es nicht allein zur Schule gehen oder gar nicht allein am Schulmorgen dort bleiben. Das geht nicht nur schüchternen Kindern so, aber sie zeigen das eher mal. Daher findest du einiges an Hilfen dazu im Kapitel „Ängstlichkeit“ ab S. 52.

Für dich ist hier das Wichtigste, dir keine Angst von der Schulpflicht und von Noten machen zu lassen. Das macht dir und dann auch deinem Kind nur Druck. Dein Kind wird mindestens zehn Jahre lang zur Schule gehen. Wenn es irgendwann in der Grundschule eine Phase hat, in der es vor Angst nicht gehen mag, ist das kein absolutes Drama, bei dem du volle Härte zeigen solltest. Im Gegenteil: Dein Kind benötigt Verständnis und klare Begleitung.

Wie geht das? Schulangst oder gar -verweigerung ist kein leichtes Thema und benötigt oft individuelle Lösungen, aber einige grundlegende Gedanken kann ich dir in jedem Fall mitgeben:

- Versuche mit deinem Kind gemeinsam herauszufinden, worauf sich die Ängste genau richten: Sind es die anderen Kinder? Ist es die Lehrkraft? Sind es die Bewertungen? Nur so könnt ihr nach kleinschrittigen Lösungsideen suchen, die deinem Kind wieder das Gefühl geben, etwas tun zu können.
- Hol die Schule und auch den schulpsychologischen Dienst mit an Bord. Dass dein Kind der Schulpflicht nachkommt, kann nicht allein auf deinen Schultern lasten und darf auch keinesfalls eure Beziehung vergiften.
- Das Wichtigste ist der Blick auf die Hemmschwelle: Dass dein Kind möglichst jeden Tag aus dem Haus geht, in der Schule ankommt und versucht, eine Weile dort zu bleiben, ist das wichtigste Ziel. Wie lange es bleibt und was es an Aufgaben schafft, ist zweitrangig.

- Es kann auch sein, dass der Wunsch nach Vermeidung nicht daher kommt, dass in der Schule etwas problematisch ist. Vielleicht liegt der Grund bei euch zu Hause: Gibt es Belastungen durch Streitigkeiten, Arbeitslosigkeit, Erkrankungen, ein neues Geschwisterkind? Guck auch hier ehrlich hin.

Manchmal ist der Grund für die Angst nicht offensichtlich. Beispielsweise kann auch eine inhaltliche Über- oder Unterforderung dazu führen, dass dein Kind sich an dem Ort nicht wohlfühlt. Ebenso kann es sein, dass deine unbewusste negative Einstellung zur Schule auf dein Kind wirkt. In jedem Fall ist es also gut, wenn die Situation von verschiedenen Personen betrachtet wird, um die Angst auflösen zu können.

Richtet sich die Angst deines Kindes nur auf den Schulweg, hilft Begleitung und ein langsames Hineinhelfen in die Eigenständigkeit: *„Heute gehe ich mit. Übermorgen schauen wir uns alle schwierigen Stellen genau an und überlegen, wie du sie gut schaffen kannst. Nächste Woche gehst du mal zehn Meter vor mir.“* Verlängere das Bindungsband zwischen euch beziehungsstark Stück für Stück. Mehr Gedanken dazu findest du im Kapitel „Neue Wege und Orte“ ab S. 190.

GEDULD HABEN

Gerade bei Ängsten hilft eine sanfte, langsame Begleitung. Jedes bisschen Geduld, das du jetzt investierst, vergrößert die Chance, dass dein Kind nachhaltig mutiger und eigenständiger wird. Bei einem zu schnellen Vorgehen kommt es oft zu großen Rückschritten. Dein Kind muss sich langsam immer sicherer fühlen können. Dann kann das Gefühl auch bleiben.

Neues Körpergefühl

Der Körper deines Kindes verändert sich. Nicht nur im Längenwachstum. Sicherlich siehst du keine so großen Veränderungen wie in der Pubertät, aber wenn du genau darauf schaust, kannst du Neues in der Fein- und Grobmotorik bemerken. Das ist toll für dein Kind, denn es tut sich etwas. Es kann plötzlich neue Dinge, ihm fallen viele Sachen leichter. Andererseits gehört manchmal auch Ärger dazu, denn es geht zwar besser als mit 5, aber nicht besser als bei der Banknachbarin in der Klasse.

Während der Baby- und Kleinkindzeit hat dein Kind, sofern es körperlich gesund ist, eine unfassbare motorische Entwicklung hingelegt: vom aufrechten Gang übers Balancieren bis hin zum Rollerfahren, Schaukeln oder gar Schwimmen. Doch es beherrscht immer noch nicht alle Bewegungsabläufe so sicher wie Erwachsene. Dein Kind braucht weiterhin die Möglichkeit, seinen Körper zu trainieren: feinmotorisch beispielsweise bei der Stifthaltung oder bei Handwerklichem, grobmotorisch bei immer komplexeren Bewegungsabläufen, wenn es zum Beispiel Fahrrad fahren und gleichzeitig den Verkehr im Blick haben muss. Wie gut es in den Bereichen wird, hängt vom Training, aber auch von seinem familiären Erbe ab.

Mehr Bewegung

Unabhängig von der Leistung benötigt dein Kind die Chance, all der geistigen Anstrengung auspowernde oder entspannende Bewegung entgegenzusetzen. Im modernen Alltag ist das nicht immer so leicht. Medien, die im Sitzen genutzt werden, Unterrichtseinheiten, bei denen gesessen wird und Auto- oder Busfahrten sind nicht gerade zuträglich, um motorisch am Ball zu bleiben.

Denk daran, wie grundlegend wichtig Bewegung ist. Hab nicht nur im Blick, dass dein Kind vor der Pubertät noch einiges im motorischen

Bereich verfeinern sollte – hier leisten Schule und Schulsport ohnehin einen guten Beitrag. Bedeutsam ist, dass Bewegung einer der Schlüssel für so vieles ist, was im Grundschulalter wichtig wird. Wer sich ausreichend bewegt, kann beispielsweise konzentrierter still arbeiten, kann seine Umwelt über alle Sinneskanäle besser wahrnehmen und wahrscheinlich besser schlafen.

Wie geht das – in einem vollgepackten Alltag? Zum Beispiel indem es in eurer Familie dazugehört, Strecken zu Fuß zu gehen oder im Haushalt mit anzupacken. Gerade hier bist du als Vorbild wichtig, ebenso euer Miteinander: *„Ich lasse das Auto auch stehen. Ich hüpfe unterwegs mit dir vom Bordstein und wieder hoch. Wir alle wechseln uns ab beim Aufhängen und späteren Falten der Wäsche.“* Wie du dich äußerst, kann dazu beitragen, dass dein Kind Fußwege und Haushaltstätigkeiten nicht als lästig, sondern als normal empfindet.

Du ermöglichst gute Entwicklungsbedingungen.

BEWEGUNG IM ALLTAG

Schaut in euren Kalender und legt als Familie ein Bewegungstreffen fest: jeden Dienstag vor dem Abendessen, jeden Sonntag nach dem langen Frühstück. Und checkt mal, welche Wege ihr nicht zu Fuß oder per Rad zurücklegt. Findet ihr einen pro Woche, der anders bewältigt werden kann?

Mehr Interesse am Aussehen, an Ernährung – und an Hygiene?

Ständig passen Schuhe und Hosen nicht mehr, aber der Körper deines Kindes hat nicht nur mit dem Längenwachstum zu tun. Die Hormone sorgen auch vor der Pubertät schon für Veränderungen. Vergleich mal dein Erstklässlerkind mit den Viertklässlern auf dem Schulhof: Sie sind größer, weniger zierlich, drahtiger oder auch pummliger. Zahnlücken sind nicht mehr so viele zu sehen (dafür erste Zahnspangen). Die Mehrheit hat noch eine ganz kindliche Gestalt, aber einige haben sich sehr verändert und besonders einige Mädchen fallen wahrscheinlich schon durch leichtes Brustwachstum auf. An den Grundschulen sollten überall Mülleimer in den Toilettenboxen Einzug halten, denn immer häufiger tritt die erste Periode nicht erst an der weiterführenden Schule auf.

Auch andere, früher eher pubertätstypische Themen beschäftigen dein Kind sehr wahrscheinlich schon vor dem 10. Lebensjahr, obwohl sein Körper noch nicht jugendlich ist: *„Hab ich Muskeln? Bin ich dünn genug? Steht mir die Kleidung? Bin ich so cool wie meine Lieblingssportlerin oder der tolle Rapper? Ist das Essen zu fettig?“* Aussehen, sich zeigen, Ernährung – diese körperlichen Themen werden wichtiger. Das heißt allerdings nicht, dass dein Kind da automatisch umsichtiger wird: Fehlernährung und Bewegungsmangel oder auch falsche Ideale dank Influencern oder Influencerinnen sind keine Seltenheit. Du bist Vorbild, aber die anderen Schulkinder auch. Dazwischen muss dein Kind sich finden.

Nimm dein Kind bei allen Themen ernst. Die körperlichen Veränderungen oder scheinbar oberflächlichen Themen rund ums Aussehen oder Essen sind deinem Kind wichtig.

Wie geht das? Zum Ersten kannst du wieder bei dir anfangen. Du bist und warst sicher auch nie ganz frei von den Gedanken *„Was könnten die anderen sagen? Bin ich schön?"* und Ähnlichem. Rede darüber. Nutze Beziehungsstärke. Wo und wie konntest du zu Gelassenheit finden? In welchen Bereichen musst du zugeben, dass du nicht souverän bist? Wobei wärst du gern klarer? Bei was sitzt dir der innere Schweinehund im Weg? Wie war das, als du 8 warst oder 14 oder 25?

Zum Zweiten kannst du bei deinem Kind wieder viel nachfragen, anstatt zu bewerten und gleich Ratschläge zu geben. Warum trinkt es mit den anderen so oft Softdrinks aus der Dose? Wieso hält es die Figur der Influencerin für erstrebenswert? Weshalb verhält es sich vor anderen anders als zu Hause? Nimmt es das alles genauso wahr wie du? Was verspricht es sich von seinem Verhalten?

Und zum Dritten hast du eigentlich noch einen ganz einfachen Job: Vorbild sein. Einfach? Naja. Bist du immer perfekt beim Essen, akzeptierst du deinen Körper immer und zuckst mit den Schultern, wenn andere über dein Outfit urteilen? Der springende Punkt ist: Das solltest du gar nicht sein. Du darfst ein Vorbild darin sein, manches gut zu machen, anderes zu verändern und wieder anderes anzunehmen.

Ein großer Streitpunkt kann auch jetzt schon die Hygiene werden. Oft denkt man nur an nichtduschende Jugendliche, und dein Grundschulkind riecht durch Schweiß zum Glück noch nicht so streng wie später unter unter Einfluss von Pubertätshormonen. Aber duschen, Haare bürsten, Hände waschen & Co. können für lange Zeit ein nervenaufreibendes Thema sein oder bleiben, wenn dein Kind bereits im Kindergartenalter Zähneputzen und mehr ständig diskutieren wollte. Kläre mit deinem Kind:

- Was belästigt andere? Das kann auch ungewaschene Kleidung betreffen.
- Wie wirkt dein Kind auf andere, wenn es die Hygiene schleifen lässt?

- Was kann gesundheitsgefährdend sein? Manchmal hilft es auch, wenn dein Kind in der kinderärztlichen Praxis eindringliche Informationen dazu bekommt.
- Welche Routinen können helfen, damit Hygienemaßnahmen nicht ständig zwischen euch diskutiert werden müssen? Eine Erinnerung am Esstisch oder am Kleiderschrank? Symbole im Bad? Feste Tage für bestimmte Abläufe? Ein eigener Wäschekorb vor der Kinderzimmertür?

Du hilfst deinem Kind, sein Äußeres zu akzeptieren und gut zu pflegen.

SCHÖNHEITSIDEALE HINTERFRAGEN

Unzählige Fotos im Internet sind gefiltert und bearbeitet. Bei so vielen Stars gehört es zum Arbeitsalltag dazu, täglich etliche Stunden Sport zu machen oder gar Schönheits-OPs in Kauf zu nehmen. Finde mit deinem Kind heraus, warum die Menschen, die es bewundert, so aussehen, wie sie aussehen oder wie sie tatsächlich aussehen.

Gewicht: „Die Hose passt nicht mehr!“

Viel Sitzen durch Lernerei oder auch durch Hobbys wie Lesen und Spielen mit digitalen Medien kann sich darauf auswirken, dass dein Kind ungesund zunimmt. Ebenso kann eine veränderte Ernährung durch ungewohntes und möglicherweise nicht ganz hochwertiges Schulessen oder auch durchs Naschen mit anderen dazu beitragen. Allerdings kann es auch ohne triftige Gründe dazu kommen, dass dein Kind auf einmal irgendwie unstimmig aussieht, denn manchmal kommt das Längenwachstum nicht gleich beim Gewicht hinterher oder umgekehrt.

Eine veränderte Statur, ein kräftigerer Bauch oder auch eine höhere Zahl auf der Waage machen im Grundschulalter nicht immer so viel Stress. Aber dein Kind kann davon bedrückt sein, vor allem, wenn es sich sehr für das Aussehen anderer, Stylingthemen oder auch Spitzensport interessiert oder wenn es Freunde oder Freundinnen hat, die spitze Bemerkungen zu einem Speckröllchen abgeben. Heutzutage wird das Körpergewicht leider immer früher zum schambesetzten Stressthema.

Auch du kannst unter Umständen dazu beitragen, dass dein Kind plötzlich mit sich und seinem Gewicht hadert. Manchmal passiert das unbewusst mit einer unbedachten Bemerkung wie *„Na, die Hose sitzt aber viel zu eng über deinem Po. Das sieht ja seltsam aus.“* Und wenn du selbst offen darüber sprichst, dass du dringend mal wieder eine Diät machen müsstest, kann das ebenfalls auslösen, dass dein Kind sich, seine Figur und sein Essverhalten infrage stellt. Es braucht in diesem Bereich Unterstützung.

Wie geht das? Klärt erst einmal, ob dein Kind wirklich ein Gewichtsproblem hat oder ob nur die Ideale zu hoch sind. Ist eigentlich alles im Rahmen und dein Kind selbst mit sich ganz zufrieden, sollte sich nicht wirklich etwas verändern.

Ist hingegen dein Kind wirklich unzufrieden und übergewichtig, achte mit ihm auf die entscheidenden Stellschrauben. Das ist gerade jetzt so wichtig, weil starkes Übergewicht aus Kindertagen sehr häufig langfristig bleibt, denn angewöhnte alltägliche Abläufe sind schwer wieder loszuwerden.

- Hat es ein sportliches Hobby? Sonst kannst du durchaus darauf bestehen, dass es eines ausprobiert. Das ist nichts anderes als Prophylaxetermine beim Zahnarzt.
- Geht es täglich Wege zu Fuß? Oder nutzt es einen Roller, ein Rad oder ein Skateboard?
- Wie sieht euer Speiseplan aus? Vielleicht solltest du dir in die eigene Nase kneifen und manche Leckerei vom Einkaufszettel streichen, damit ihr das Thema gesündere Ernährung gemeinsam angehen könnt.
- Und könnt ihr auch zusammen mehr Vielfalt wagen? Ist viel Gesundes dabei, darf auch ohne Probleme Ungesundes auftauchen.
- Welche Snacks esst ihr zwischendurch und unterwegs? Solltet ihr da etwas anderes ausprobieren?
- Bereitet dein Kind gern essen zu oder isst es eher Fertiges? Planen, einkaufen und gemeinsam kochen unterstützen dabei, bewusster zu essen.
- Isst dein Kind oft bei schlechten Gefühlen oder nebenbei anstatt mit Teller und Hungergefühl bewusst am Tisch? Auch daran könnt ihr etwas ändern, damit es besser spüren kann, wann es satt ist.
- Schläft dein Kind ausreichend? Eine fehlende Balance und dauernde Müdigkeit können auch mangelndes Bewegen und übermäßiges Essen nach sich ziehen.

Zusammen und beziehungsstark geht alles leichter. Das gilt besonders, wenn es darum geht, dass dein Kind Gewohnheiten verändern sollte. Macht das zu eurem gemeinsamen Projekt – aber bitte mit Gelassenheit.

WAHRNEHMUNG STÄRKEN

Fangt nicht an, Portionen zu kommentieren oder gar abzuwiegen. Sinnvoller ist es, deinem Kind dabei zu helfen, seinen Körper gut wahrzunehmen. Wann bin ich satt, müde, bräuchte ich eigentlich Bewegung?

Diese Innenwahrnehmung zu stärken, ist gar nicht so einfach. Fass in Worte, was dein Körper oder der deines Kindes zeigt, spürt, braucht: *„Ich blinzle ganz oft. Ich werde müde. Mein Kopf braucht eine Pause mit geschlossenen Augen.“*, *„Du hast die Beine ganz eng verknotet. Deine Blase scheint zu drücken, weil sie fast überläuft.“* oder *„Ich kann mich gar nicht mehr konzentrieren. Ach, das letzte Essen war ja auch vor Stunden. Mein Bauch braucht Nachschub. Er hat Hunger.“* Welche Signale bemerkt dein Kind? Einen knurrenden Bauch oder einen harten? Was noch? Schärfe seine Aufmerksamkeit für sich selbst.

Kommst du mit deinem Kind allein nicht weiter, lohnt sich eine auf Kinder spezialisierte Ernährungsberatung. Der kinderärztliche Blick geht oft nur auf Durchschnittswerte, aber schaut nicht individuell auf dein Kind, seine Geschichte, seine familiären Veranlagungen und mehr.

Ernährung: „Das soll ich probieren?"

Es ist verschieden, wie wählerisch Kinder beim Essen sind. Einige werden im Grundschulalter immer mutiger und offener, fragen plötzlich nach Sushi oder Blutwurst und stibitzen immer mehr von deinem Teller. Andere gehen auch im Grundschulalter noch auf Nummer sicher und essen nur Bekanntes, gern ordentlich auf dem Teller getrennt statt in einer Suppe vermengt. Selbst wenn die Auswahl eher überschaubar ist, sind Mangelerscheinungen bei uns aber selten. Stress dich nicht zu sehr. Biete eine so bunte Auswahl an wie möglich.

Wie geht das? Sorg zu Hause für eine ausgewogene Auswahl an Nahrungsmitteln und hab Dauerstreitprodukte einfach nicht im Haus. Plane warmes Essen ruhig so, dass du es magst, und lass deinem Kind immer die Wahl zu probieren, nur eine Auswahl des Angebotenen zu essen oder aber sich selbst etwas zu nehmen oder nach seinen Möglichkeiten zuzubereiten. Bezieh es im Vorfeld mit ein, damit ihr Alternativen einkaufen könnt, die dein Kind auf jeden Fall mag. Und auch beim Kochplan für die Woche kann es mitdenken, sodass die Wahrscheinlichkeit größer ist, dass ihr alle das eine gleiche Gericht essen mögt.

Du kannst auch extra für dein Kind kochen, wenn es dir Freude macht. Erwarte dann aber trotzdem nicht unfassbare Dankbarkeit und ständige Begeisterung. Du darfst erwarten, dass dein Kind dir Unmut höflich mitteilt und sich einbringt, wenn ihm das Essen nicht passt. Thematisiere beides. Aber du darfst nicht erwarten, dass deine Arbeitszeit immer mit einem *„Ist das lecker!"* quittiert wird.

Probierzwang oder alles aufessen zu müssen gehört in veraltete Erziehungsratgeber. Eine derartige Erziehung ist kontrollierend statt vertrauend sowie gewaltvoll und ungesund. Ich bin auch ziemlich sicher, dass du selbst nicht alles auf dieser Welt probieren wollen würdest, und für dein Kind kann Blumenkohl genauso fies sein wie für dich eine Heuschrecke. Also lass ihm seine Freiheit.

Viele Kinder öffnen sich übrigens erst ab etwa 10 bis 12 Jahren einem breiteren Speiseplan. Und selbst wenn dein Kind in der Schule plötzlich Linseneintopf mit vollkommen unklaren Zutaten isst, kann es sein, dass es zu Hause wählerischer bleibt, denn das ist einfach ein wunderbares Feld für Selbstbestimmung.

Toilettenhygiene: „Ich hab' in die Hose gemacht!"

Im Kindergartenalter rechnen alle Erwachsenen damit, dass den Kindern mal Malheure passieren. Die Erzieherinnen kümmern sich, Wechselkleidung liegt bereit, ein Platz, wo dein Kind sich in Ruhe waschen kann, ist vorgesehen. Nach der Einschulung soll das alles glatt laufen. Erwachsene vor Ort, die mal eben mit in die Toilettenbox kommen, sind nicht eingeplant.

In den Grundschulen, die ich kenne, kommt es in den ersten Wochen nach der Ankunft der neuen „Erstis" eigentlich immer zu Problemen in den Toilettenräumen, denn einige Kinder sind überfordert: Sie sind zu spät zur Toilette gegangen, haben die Hose nicht schnell genug aufbekommen oder neben das Klo getroffen. Sie sind überfordert, weil Toilettenpapier fehlt oder weil sie sich nach dem Stuhlgang noch nie allein richtig saubermachen mussten. Sie nutzen zu viel Papier und verstopfen die Toilette, vergessen den Wasserhahn auszudrehen und sorgen für eine kleine Überschwemmung, oder sie reagieren ängstlich, wenn die Hose nass ist und sie vor Peinlichkeitsgefühl im Erdboden versinken möchten.

Übe mit deinem Kind vor der Einschulung oder spätestens parallel, wie Toilettenhygiene funktioniert.

Wie geht das? Probiere Hilfsmittel aus und mach dein Kind hier bewältigungskräftig: Manchen Kindern hilft es, ein dünnes Päckchen feuchtes Toilettenpapier in der Hosentasche zu haben. Außerdem sollte dein Kind wissen, was es im Fall der Fälle tun kann. Ist Pipi in die Hose gegangen, kann es seinen Turnbeutel holen und darin deponierte Ersatzkleidung anziehen. Die nassen Sachen kann es in eine Plastiktüte tun, die am besten ohnehin im Ranzen versteckt ist. Und wenn das Unwohlsein ganz groß ist, muss es nicht schamhaft den ganzen Schulmorgen durchstehen, sondern kann im Sekretariat darum bitten, dass du angerufen wirst. Mit einem unsauberen Gefühl ist dein Kind ebenso unpässlich wie mit Kopfweh. Du würdest so ja auch nicht auf der Arbeit bleiben wollen.

Kopf- oder Bauchschmerzen: „Aua!"

Manche Grundschulkinder haben plötzlich auffallend häufig Schmerzen. Manchmal hat das Gründe, die rasch zu erkennen und eher leicht zu beheben sind: Ernährt dein Kind sich im neuen Alltag unregelmäßiger als früher oder das Schulessen bekommt ihm nicht? Isst es in der Schule viel Unbekömmliches aus den Brotdosen der anderen Kinder? Möglicherweise bewegt es sich jetzt ungewöhnlich viel weniger als früher?

Aber es kann auch emotionaler Stress dahinterstecken. Das heißt übrigens nicht, dass du das Kopf- oder Bauchweh dann weniger ernst nehmen solltest. *„Eigentlich ist da ja gar nichts!"* stimmt nicht. Es gibt einen guten Grund dafür, dass dein Kind den Eindruck hat, es habe körperliche Schmerzen.

Teilweise kommt noch hinzu, dass dein Kind auffallend abnimmt oder deutlich stiller wird. Versuche, der Ursache auf die Spur zu kommen.

Wie geht das? Macht euch gemeinsam auf die Suche:

- Was ist anders im Leben deines Kindes?
- Was würde es gern verändern, wenn es zaubern könnte?
- Fühlt es sich zu Hause wohl?
- Welche Menschen erscheinen deinem Kind anstrengend?

- In welchen Situationen fangen die Schmerzen an? Hierzu kann es helfen, eine Weile gemeinsam Tagebuch zu führen, wenn ihr die Antwort nicht gleich geben könnt.
- Welche Tage sind besonders anstrengend? Und welche Tageszeiten?
- Wann hätte dein Kind gern mehr Zeit für sich?
- Was spürt es genau in seinem Körper und wo?
- Gibt es etwas in seinem Leben, das es allein meistern muss, aber wo es dich eigentlich gern dabeihätte? An den Schulvormittagen? Spürt es da Angstgefühle und würde lieber woanders sein?

Oft kannst du mit deinem Kind den Auslöser aufspüren. Dann ist es wichtig, dass dein Kind sich bewältigungskräftig erleben darf: Nicht du solltest seine Probleme lösen, sondern dein Kind selbst, von dir begleitet. Es sollte spüren, dass ihm Ideen kommen, dass es aktiv werden kann und dass es keine Ohnmachtsgefühle haben muss. Wo und wie kann sein Leben entspannter werden? Dadurch können sich gefühlte dicke Knoten in Bauch oder Kopf schon langsam lösen.

Bleibt die Ursache unklar, aber die Schmerzen kommen ständig wieder, suche Hilfe. Sprich mit der Klassenleitung, ob ihr etwas Ungewohntes aufgefallen ist, und mach einen Termin in eurer kinderärztlichen Praxis. Das kannst du auch erst einmal ohne dein Kind machen, um frei sprechen zu können, ohne es zu sehr zu belasten. Der Kinderarzt oder die Kinderärztin können körperliche Ursachen abklären und ausschließen. Dann wird man euch möglicherweise in psychotherapeutische Hände weiterschicken.

Nahezu einmalige, kurzfristige Schmerzen können wirklich einfach nur körperliche Ursachen haben, die manchmal nicht aufzuklären sind, wie bei deinem Kopfweh auch. Beobachte dein Kind gut und erlaube ihm in solch einem Fall, sich zu schonen. Ab und an können sie auch Vorboten für eine Grippe oder Ähnliches sein.

PSYCHOSOMATISCHE SYMPTOME

Psychosomatische Schmerzen erscheinen oft erst einmal lästig. Frag dich immer wieder, ob dein Kind zu Hause bleiben sollte oder in die Schule gehen kann. Du kannst nicht schnell erkennen, wo die Schmerzen herkommen, und nicht rasch etwas dagegen unternehmen. In deinem Alltag mit anderen Verpflichtungen kann sich das sehr lästig anfühlen. Doch derartige Schmerzen haben eine wichtige Funktion: Sie sind Warnsignale, dass wirklich etwas nicht gut ist, und helfen dir, zu reagieren, bevor es deinem Kind noch viel schlechter geht. Das gemeinsame Bewältigen gehört zum Elternjob dazu. Und du musst es nicht allein meistern. Fühlst du dich überfordert, hol wie oben beschrieben Hilfe dazu. In extremen Fällen kann das sehr zermürbend sein, weil du Probleme bei der Arbeit bekommen könntest. Lass dich im Notfall von deiner Krankenkasse oder auch juristisch beraten und versuche offen mit deinem Arbeitgeber zu sprechen.

Aufklärung: „Stimmt das mit dem Penis?"

Auch neue Themen können zu Herausforderungen auf dem Schulhof werden. Einer weiß schon genau Bescheid, welche brutalen Computerspiele gerade angesagt sind. Eine andere darf Nachrichten oder Filme gucken, die eigentlich nicht für ihr Alter passend sind, und berichtet darüber. Und irgendwer erzählt auf einmal über Geschlechtsteile, Sex oder gar Pornografie. Egal, welches Thema aufkommt, versuch es ganz sachlich zu behandeln und auf gar keinen Fall zu tabuisieren. Für dein Kind ist es wichtig, ernst genommen zu werden, aber auch altersgerechtes Wissen zu haben, damit es sich bei den Gesprächen mit den anderen Kindern nicht unwohl fühlen muss.

Wie geht das? Vielleicht hat dein Kind schon im Kindergartenalter angefangen, seinen Körper zu erkunden und Fragen danach zu stellen, wo die Babys herkommen. Spätestens, wenn das Thema jetzt wieder aufkommt, solltest du passende Bücher bereitliegen haben, die ihr gemeinsam anschauen könnt oder aber die dein Kind rein zufällig auf dem Wohnzimmertisch entdecken kann. Reagiere auf Fragen ehrlich und verwende korrekte biologische Begriffe. Sammeln, welche eher lustigen Bezeichnungen es noch für Penis oder Vagina gibt, könnt ihr ja trotzdem.

Intime Details von dir gehören nicht in so ein Gespräch. Der Satz *„Dafür bist du noch zu klein."* sollte aber auch nicht fallen. Selbst ein *„Was ist denn Fisten?"* könntest du kindgerecht beantworten mit *„Da benutzt man seine Faust vorsichtig, um den anderen lieb zu haben."* Je weniger das Thema tabuisiert wird, desto sicherer geht dein Kind in Gespräche mit anderen und auch in mögliche unangenehme Situationen mit Erwachsenen. Besonders wenn es weiß, dass es über seinen Körper selbst bestimmen darf und Geheimnisse, die ein ungutes Bauchgefühl machen, nicht in Ordnung sind.

FEINFÜHLIGKEIT FÖRDERN

Bringt dein Grundschulkind in dem Zusammenhang Begriffe mit nach Hause, die dir am Esstisch nicht wirklich gefallen, erklär sie ihm. Was ist abwertend an „Fotze"? Warum ist „schwul" kein Wort, das als Beleidigung genutzt werden sollte? Wieder gilt hier der Gedanke: Sag deinem Kind nicht nur was es lassen soll, sondern was es tun kann – und warum es gut zu ihm passen würde, anders damit umzugehen.

Sexualität: „Ich fasse mich an!“

Den eigenen Körper anzufassen und für schöne Gefühle zu sorgen, ist ein ganz natürliches, gesundes Verhalten. Es hilft dabei, sich selbst zu mögen und kennenzulernen. Das machen schon Kleinkinder gern, und im Grundschulalter bleibt es für viele interessant. Gut ist, wenn Nacktsein und Berührungen bei euch zu Hause kein Tabu sind, sondern ganz selbstverständlich vorkommen. Erwachsenensex hingegen gehört nicht vor Kinderaugen oder -ohren. Gut ist auch, wenn du dein Kind von Anfang an in seine Körperpflege miteinbezogen hast, sodass es sich nicht ekelt, sondern gern anfassen mag. Für das Berühren des eigenen Körpers oder anderer Körper braucht dein Kind aber Regeln von dir.

Wie geht das? Bemerkst du, dass dein Kind Freude daran hat, sich intim zu anzufassen, erklär ihm, dass das eine sehr persönliche Sache ist und wie Nasebohren nicht vor anderen passieren sollte. Dein Kind kann sich zu Hause in seinem Zimmer erkunden. Und es sollte sich danach die Hände waschen.

Das Befühlen sollte allein passieren. „Doktorspiele“ sind eher typisch fürs Kindergartenalter, können aber auch jetzt noch vorkommen. Das wachsende Schamgefühl macht die Wahrscheinlichkeit allerdings gering. Sie sind dann okay, wenn die spielenden Kinder „gleichrangig“ sind, also in etwa den gleichen Entwicklungsstand und das gleiche Alter haben, und wenn beide es möchten. Beantworte alle Fragen rund um den Körper und Sexualität altersgemäß und verwende möglichst normale Begrifflichkeiten, um auch hier nicht zu tabuisieren. Bücher rund um Aufklärung im Grundschulalter sind eine gute Unterstützung. Wissen gibt Sicherheit und stärkt dein Kind für Schulhofgespräche.

Bemerkst du das wachsende Schamgefühl deines Kindes, ist es wichtig, das zu akzeptieren. Es muss sich nicht zeigen, kann einen Bademantel nach dem Duschen tragen. Es muss dich auch nicht nackt sehen, kann sich in der kinderärztlichen Praxis unterm Shirt abhören lassen oder im Schwimmbad ein Schwimmshirt tragen und eine Einzelumkleide nehmen. Die Phase wird vorbeigehen.

Einschlafen: „Ich mag nicht ins Bett!"

Das Schlafen wird euch nicht mehr so beschäftigen wie im Babyalter, aber es kann wieder Einschlafprobleme geben und erst recht Stress am Morgen, durch die starren Schulzeiten auch nochmal stärker als im Kindergartenalter. Du nimmst bei deinem Kind spätestens jetzt wahrscheinlich recht genau wahr, ob es eher Früh- oder Spätschläfer ist. Erstere machen im Schulalltag nicht viel Stress, Letztere schon.

War dein Kind schon immer eine Nachteule und fand spät in den Schlaf? Dann habt ihr wahrscheinlich schon gute Rituale entwickelt, mit denen ihr alle durch die Abende kommt. Aber möglicherweise geht der Wecker jetzt viel früher? Vielleicht werden die Nächte auch erst jetzt auf einmal ungewohnt kürzer, weil dein Kind gar nicht mehr ins Bett mag und morgens dennoch früh raus muss. In beiden Fällen braucht ihr Ideen, um abends nicht vor Druck ständig in Konflikte zu geraten und damit dein Kind ausreichend Ruhe bekommt. Schlaf herbeizuzwingen geht allerdings nicht, so sehr ich den Wunsch auch verstehen kann. Du kannst nur kleine, beziehungsstarke Schritte gehen.

Wie geht das? Die Abende werden lang, die Morgen nerven, und du sorgst dich, ob das bisschen Nachtschlaf für die Konzentration in der Schule ausreicht. Zehn Stunden sollten es im Schnitt sein, je nach Kind können es aber bis zu zwei Stunden mehr oder weniger sein, die genug sind. Nicht nur Tiefschlaf entspannt, sondern auch ruhige Wachzeiten.

- Ist dein Kind eine Eule und kann die Tage erst spät loslassen, ist die wichtigste Hilfe Akzeptanz. Gestaltet die Abende hilfreich, zum Beispiel mit einem Spaziergang nach dem Abendessen, damit die Bewegung nochmal müde macht, oder mit Malsachen und Hörspielen im Bett, um am Zielort runterzukommen.
- Morgens helfen ein eigener Wecker, ein bisschen kuscheln und lachen, feste Abläufe und vor allem, wenn möglichst viel schon abends erledigt wurde: Ranzen packen, Kleidung rauslegen, Wasserflasche auffüllen.

Du merkst an deinem Kind, ob es genug schläft, nicht an Zahlen zu „typischer Schlafdauer“ in seinem Alter.

Durchschlafen: „Ich liege immer wach!“

Ist bei deinem Kind nicht das Einschlafen das Problem, aber das Durchschlafen? Immer noch oder auf einmal wieder? Das kann nach der Einschulung passieren, wenn die vielen Eindrücke dein Kind beschäftigen oder Herausforderungen sehr drücken. Dann benötigt dein Kind von dir Entspannungshilfe

Wie geht das? Werde nicht in der Nacht aktiv, sondern viel mehr am Tag.

- Schaffe Situationen, in denen dein Kind über Probleme und Stress sprechen kann und ihr über Lösungen nachdenken könnt.
- Sorge am Abend für entspannende Rituale wie das Lesen oder Hören eher bekannter, nicht zu aufwühlender Geschichten.

- Erlaube deinem Kind, nachts deine Nähe zu suchen. Das könnt ihr ganz individuell gestalten, also in deinem Bett oder aber in seinem Kinderzimmer mit einer zweiten Matratze oder noch ganz anders – so wie es sich auch für dich okay anfühlt.
- Schau, dass dein Kind über den Tag ausreichend Bewegung hat. Das meint im Grundschulalter etwa 90 Minuten täglich. Zusätzlich zu Hobbys und Zeiten mit Freunden und Freundinnen vor der Tür können Fußwege oder Radstrecken helfen, aber auch Mithilfe im Haushalt oder beim Einkaufen.

Liegt dein Kind dauerhaft nachts viel wach, schau auch darauf, wie es euch als Familie gerade insgesamt geht. Gibt es viele Streitereien und Probleme oder bist du oder der andere Elternteil zurzeit sehr autoritär und bestimmend, können auch das Ursachen für wache Nächte sein. Dann holt euch gemeinsam Hilfe in einer Familienberatungsstelle.

Schlafwandeln gehört bei einigen Grundschulkindern phasenweise zu ihren Nächten dazu. Es vergeht von allein und benötigt höchstens bestimmte Schutzmaßnahmen an den Türen, Fenstern oder Treppen. Auch Bettnässen ist kein Einzelfall und kann phasenweise auftreten. Oft hat das keine psychische Ursache, also keinen Stress, den du erkennen musst. Pipi kann öfter mal ins Bett gehen, wenn dein Kind sehr tief schläft, was sich bei vielen Kindern über die Zeit wieder gibt. Wichtig ist, dass dein Kind sich deswegen nicht schämen muss. Geht pragmatisch damit um: wasserdichte Betteinlagen, eine Windelhose, und bei Pannen gemeinsam und beziehungsstark saubermachen. Machst du dir starke Sorgen, sprich das Thema in eurer kinderärztlichen Praxis an.

Frei verkäufliche Melatoningummibärchen aus der Drogerie haben übrigens gar keinen Effekt. Der Melatoninspiegel sollte immer beim Kinderarzt oder der Kinderärztin überpüft und das Hormon wirklich nur künstlich zugeführt werden, wenn es ärztlich angebracht ist.

Neue Gesprächsführung

Das Reden miteinander verändert sich im Grundschulalter an mehreren Stellen. Das liegt nicht nur an den neuen Themen, die dein Kind besprechen möchte, sondern unter anderem auch daran, dass es abstrakter denken kann. Außerdem habt ihr vielleicht weniger ruhige Gelegenheiten zum Sprechen, was Gespräche eher gehetzt und auch oft oberflächlich machen kann. Ganz nett kann es hingegen sein, dass dein Kind nun auch andere Medien nutzt, um mit dir zu kommunizieren, wie zum Beispiel einen Chat mit Sprachnachrichten oder Emojis.

Mehr Streit

Auseinandersetzungen waren sicher auch im Kindergartenalter manchmal unschön, aber mit 1,30 m und umfassenderem Vokabular wird das nun manchmal eine ganz andere Hausnummer. Als dein Kind 3 Jahre alt war, war sein erstes *„Scheiße!“* wahrscheinlich noch eher lustig. Äußert es nun ein *„Immer verbietest du mir alles. Ich wünschte du wärst tot oder ich hätte andere Eltern!“*, wird dich das ganz anders treffen. Aus einem ersten Impuls heraus wirst du mit ähnlicher Heftigkeit reagieren. Kein Wunder, denn du fühlst dich verletzt. Scheinbare Frechheiten und auch Lügereien werden dich sehr verunsichern. Das kann dazu führen, dass du dich emotional von deinem Kind distanzierst und dagegenhältst: *„So nicht, mein Freund!“*, *„Ab auf dein Zimmer!“*, *„Ich rede heute überhaupt nicht mehr mit dir!“* Hier ist echte Vorsicht geboten, denn du kannst die Weichen in eine gute oder eine schlechte Richtung stellen.

Du darfst immer deine Grenze ansprechen und deinem Kind Spielregeln zeigen, aber solltest dabei zugewandt bleiben. Das ist der Trick. Denk nochmal an den „guten Grund“ auf S. 31 zurück. Such und frag dich nach dem *„Warum?“*, anstatt anzunehmen *„So muss es gewesen sein!“*

Wie geht das? *„Ich werde den Konflikt nur lösen, wenn ich auf mein Kind zugehe."* ist dein Mantra. In der Umsetzung kann das so aussehen:

- Du erinnerst dich daran, dass dein Kind eine Not verspürt, und nicht dir etwas antun möchte.
- Du benennst seine Gefühle und deine Grenze: *„Offenbar passt dir meine Entscheidung gar nicht, aber mit den Worten verletzt du mich sehr."*
- Du beschreibst, was du hörst, und zeigst Zutrauen: *„Dieses Wort passt echt nicht zu dir. Du bist sonst so ein liebevoller Mensch. Ich glaube, du kannst anders mit mir sprechen."*
- Du bietest weitere Offenheit, aber auch Zeit an: *„Wenn du ruhiger weiterreden magst, mache ich das auch. Und wenn es erst morgen ist."*
- Du zeigst, dass kein Konflikt eure Liebe zueinander kaputt macht: *„Darf ich dich mal kurz umarmen oder dir einen Tee mitkochen?"*
- Du bettelst nicht, sondern forderst zugewandt: *„Ich möchte, dass du damit jetzt aufhörst."*
- Du sprichst mit deinem Kind bei Aufforderungen aus der Nähe, schaust es an, berührst es und wartest seine Reaktion ab, ohne aus dem Kontakt zu gehen. Das ist ein ganz wichtiger Punkt. Auffordern und dann direkt weggehen sorgt oft dafür, dass dein Kind dich nicht ernst nehmen kann und den Faden verliert.
- Du schaust nicht nur darauf, was nicht okay ist und was dein Kind lassen soll, sondern auch darauf, was es verändern kann: *„Wenn du wütend bist, schrei ruhig laut in deine Armbeuge, aber lass bitte die Beleidigungen gegen mich."*
- Du suchst mit deinem Kind nach Lösungen: *„Hast du eine Idee dazu?"*

Du beweist gute Kommunikations- und Konfliktfähigkeit, die dein Kind von dir lernen kann. Und du öffnest ihm die Tür für weitere Klärungen. Es darf im Kontakt mit dir bleiben. Es darf auch sagen *„Mir passt die Entscheidung aber wirklich nicht. Ich sehe das anders! Können* *wir nochmal überlegen?*" Bis es das tut, wird wahrscheinlich einiges an Zeit vergehen.

Es ist gut möglich, dass dein Kind trotz aller Zugewandtheit von dir weiter patzig reagiert. Aber du legst mit jedem Stück Nähe, das dir möglich ist, beziehungsstark die Grundsteine für lösungsorientiertes Reden.

ELTERNBRÜLLEN

Wie oft höre ich von Eltern, dass sie mit sich selbst hadern, weil sie in Gegenwart ihres Kindes geschrien haben. Sie sind unglücklich damit und möchten versuchen, bessere Wege zu finden und „*nie wieder zu schreien*". Immer auf Augenhöhe, leise, respektvoll, höflich, sanft – ein hohes Ziel! Geht es dir auch so?

Es ist wichtig, dass dein Kind lernt, wer du bist, was du fühlst, was dir zu weit geht. Und dass es lernt, wie es mit allen Emotionen von A bis Z umgehen kann, anstatt sie zu vergraben. Ewige Kontrolle und Vermeidung sind nicht hilfreich. Bist du eher ruhig, wirst du deine Emotionen auch ruhig vorbringen können, aber bist du eher impulsiv, kann auch mal ein unverstelltes Schreien dazugehören, ohne dass das ein Weltuntergang ist. Seid ihr in guter Beziehung zueinander, ist eine Basis da, die das aushält. Ihr kennt euch und versteht das nicht alltägliche Brüllen als Ausdruck, nicht als Angriff, und sprecht später darüber. Dann bist du in Beziehung und emotional auf Augenhöhe: lachen, weinen, erzählen, mitfühlen – und auch toben, stampfen, wüten, brüllen.

Wenn Brüllen aber Normalität ist, um Gegenrede und Zuhören unmöglich zu machen, ist es verkehrt. Dann läuft etwas schief. Dann fehlen Kommunikation, Beziehung, Gesehenwerden. Dann müsst ihr reden, euch erklären, Kompromisse finden, hinhören, einfühlen, gemeinsam weitergehen.

Fällt es dir schwer, dich an die oben aufgelisteten Punkte zu halten, schreib dir eine große Erinnerung und häng das Blatt zu Hause an einem Ort auf, an dem du häufig bist. So kann es dir nach und nach leichter fallen, weil du immer wieder erinnert wirst:

Guter Grund? Was fühlst du, was fühle ich?
Du kannst es besser. Wir haben Zeit.
Ich liebe dich.

Schimpfwörter: „Du Arschkuhmama!"

Provozieren durch freche Worte gab es vielleicht im Kindergartenalter schon, aber die Qualität der Vokabeln wird ab der Grundschule häufig eine andere. Und statt Humor wabert eher mal etwas Hitzköpfigkeit mit. Das kann dich ganz schön treffen oder auch nerven. Vor allem, wenn dein Kind dich vor Freunden und Freundinnen herausfordert. Manchmal wirst du deshalb aus dem Hemd fliegen, was wirklich menschlich ist. Aber es wäre gut, wenn du es in den meisten Fällen schaffst, das Wort nicht so ernst zu nehmen.

Wie geht das? Manchmal kann es helfen, dir vorzustellen, dein Kind habe einfach etwas Harmloses gesagt, zum Beispiel einfach nur geseufzt. Denn meist kommen die respektlos erscheinenden Wörter ja in Momenten, in denen dein Kind einfach unglücklich, genervt oder überfordert ist. Mit einem *„Puh!"* Kannst du leichter umgehen und einfach fragen, ob es deinem Kind nicht gut geht, was ihm auf dem Herzen liegt oder auch sagen, dass du dich gerade auch unwohl fühlst.

So besteht die Chance, dass euer Austausch nicht direkt eskaliert und ihr beziehungsstark ins Gespräch findet.

Ab und an nutzt dein Kind ein Wort oder auch einen Tonfall und dazugehörige Körpersprache, die du dir nicht einfach wegdenken kannst. Dann ist es wichtig, dass du deinem Kind bestimmt, aber zugewandt spiegelst, dass du solch ein Gespräch nicht möchtest. **Statt beleidigt und ebenfalls aggressiv zu werden, stelle möglichst sachlich klar, dass du ...**

- so nicht angesprochen werden möchtest.
- dich auf diese Art nicht über das Thema austauschen möchtest.
- wirklich glaubst, dass die genutzte Sprache gar nicht zum Wesen deines Kindes passt, und du ihm zutraust, angenehmere Worte zu finden.
- sicher bist, dein Kind würde sich auch nicht wohlfühlen, wenn du jetzt auf die gleiche Art antworten würdest.

So zeigst du deinem Kind, dass du seinen Angriff nicht persönlich nimmst, sondern zugewandt bei der Sache bleibst. Du spiegelst ihm, wie seine Strategie auf dich oder andere wirkt, damit es etwas verändern kann. Und dann kannst du hinter den scheinbar mangelnden Respekt gucken: Was ist los in deinem Kind?

HUMOR

In einigen Fällen kannst du auch Humor nutzen. Gerade zu Beginn eines heftigen Gesprächs ist das oft noch eine gute Möglichkeit, die Spannungen zu lockern und mit einer lustigen Entgegnung auch dein Kind wieder für mehr zu öffnen als Gemotze. Zum Beispiel kannst du seine üblen Wörter aus der Luft fangen und aus dem Fenster werfen. Das verblüfft oft ausreichend stark, damit dein Kind etwas runterkochen kann.

Mehr Schweigen

Vielleicht lernst du an deinem Kind auch eine andere neue Seite kennen: Stille. Es kann sein, dass es dir nichts erzählen mag oder dir nicht antworten will. Dass es dann hibbelt und weggehen mag oder sich die Ohren zuhält. Das machen Kleinkinder oft, aber auch dein Schulkind kann noch zu solchen Strategien greifen, wenn es sich überfordert fühlt und bislang keine andere Möglichkeit gelernt hat.

Dränge dein Kind nicht zum Reden, aber du kannst versuchen, es erst einmal mit seinem Herzen und dann als Zuhörer oder Zuhörerin zu gewinnen und im nächsten Schritt das Schweigen zu beenden.

Wie geht das? Zum einen kannst du damit starten, etwas Positives zu sagen oder deinem Kind besonderes Interesse zu zeigen. Vergiss *„Wie war es in der Schule?“*, *„Wann ist der nächste Test?“* und *„Hast du endlich daran gedacht, Oma zurückzurufen?“* Das ist alles wichtig, aber diese Aussagen stecken auch voller Kontrolle. Dein Grundschulkind sollte von dir aber mehr Zutrauen als Kontrolle spüren. Dann wird es sich auch leichter öffnen mögen. Das kann ein Lob sein, aber auch etwas ganz anderes:

- *„Denkst du noch manchmal an den Strand mit der Steilküste im letzten Urlaub? Da war mir so schwindelig an der Kante.“*
- *„Du warst heute beim Mittagessen richtig lustig. Das hat total gutgetan.“*
- *„Was würde ich wohl gern machen, wenn ich in euren Ganztagsräumen wäre? Gibt es mein Lieblingsspiel?“*

Achte auch auf deine und seine Körpersprache: Sitzt du in Ruhe oder bist auf dem Sprung? Bist du ihm zugewandt oder machst du nebenbei noch etwas anderes? Schaust du dein Kind an und berührst es auch? Das sind Signale, die deinem Kind helfen können, sich zu öffnen – und es kann sie sich bei dir abgucken.

Denk auch wieder an den Dreh, von dir zu erzählen, wenn du eigentlich eine Frage an dein Kind hast. Wahrscheinlich hört es dir gerne zu, und es hakt irgendwann ein: „*Ach, deine Oma war auch immer so langweilig am Telefon? Ich ruf meine deshalb so ungern an. Ich weiß immer gar nicht, was ich sagen soll.*“

Humor gehört übrigens auch unbedingt in eine beziehungsstarke Kommunikation. Er kann verfahrene Momente entspannen und dich und dein Kind wieder näher zusammenbringen. Denn Humor meint eigentlich, dass etwas Unerwartetes passiert, das lustig ist. Und kritische Momente brauchen manchmal eine unerwartete Wendung, damit beide Seiten wieder aus dem Angriffsmodus aussteigen können: „*Wenn wir uns noch lange darüber streiten, wer den Saft umgekippt hat, können wir auch ein Hausschwein kaufen, das ihn wegleckt.*“ Eine simple Quatschidee reicht im Grundschulalter oft noch aus.

Wichtig dabei ist, dass der Humor nicht zu schwarz und nicht fies ist. Keiner deiner Sprüche sollte dein Kind beschämen oder bloßstellen. Dazu gehört viel Feingefühl. Auch Ironieverständnis braucht Zeit, damit dein Kind sich nicht doof fühlt. Das Gegenteil zu sagen von dem, was du meinst, braucht Übung und manchmal auch Erklärung, aber dann kann das ein gutes Kommunikationsmittel sein.

Ist einer von euch doch mal nicht sensibel genug, sprecht darüber, erklärt und entschuldigt euch. Auch das gehört zum Lernprozess dazu und beweist Beziehungsstärke.

Du bemühst dich um beziehungsstarke Kommunikation.

FUNKSTILLE

Wenn du das Gefühl hast, du und dein Kind kommt gerade in kein gutes Gespräch, gib nicht auf und zeig dich auch nicht beleidigt. Sich abzuwenden ist nie eine gute Lösung, besonders nicht als erwachsene Person in der Beziehung zu einem Kind. Such weiter den Kontakt: Leg deinem Kind ein neues Buch hin, das ihm gefallen könnte. Schreib ihm per Chat, wenn es den schon irgendwo nutzt. Verfasse einen Brief oder male ein Bild und schieb es unter der Zimmertür durch. Oder bastle einen kleinen Briefkasten für die Kinderzimmertür und lass immer mal eine Nachricht dort. Lass dein Kind merken, dass deine Tür immer offen ist. Das wird euch auch in der Pubertät noch eine gute Hilfe sein.

Gesprächszeiten: „Ich mag nicht mit dir darüber reden!"

Im Verlauf des Buches hast du gemerkt, wie wichtig Gespräche sind. In sehr emotionalen Momenten sind weniger Worte manchmal besser als zu viele, aber ansonsten ist jedes bisschen Kommunikation immer richtig. So könnt ihr euch besser verstehen und auch Veränderungen bewirken. Genauso wie du aber manchmal gerade abends nicht mehr die Lust haben wirst, lange Diskussionen zu führen, geht es manchmal deinem Kind. Spürst du seine Abwehrhaltung, ist Zwang keine gute Idee, aber Nachfragen.

Wie geht das? Kläre dann, wann dein Kind zu einem Gespräch bereit sein wird und ob es dazu etwas Besonderes braucht: Ein gemeinsames Stück Kuchen, eine Fußmassage oder Ähnliches können locken.

Schau auch, dass ihr im Alltag gewohnheitsmäßig typische Gesprächszeiten habt, bei denen keiner so richtig weglaufen kann: beim Abendessen, beim Haarebürsten, im Auto auf dem Weg zum Turnen? Da sollte gelten, dass nichts anderes wichtig ist, weder ein klingelndes

Telefon, noch das Falten der Wäsche oder die Frage nach der nächsten Deutscharbeit.

SPRECHEN OHNE ABSICHTEN

Achte darauf, dass ihr auch immer wieder einfach Gespräche ohne Ziel habt, in denen es nicht darum geht, dass dein Kind irgendwo kooperieren soll oder du dir Antworten wünschst. Zeig Interesse an dem kleinen Menschen und seiner Weltsicht.

Neues Weltbild

Dass dein Kind im Grundschulalter intensiv damit beginnt, zu sich zu finden und zu stehen sowie seine eigene Persönlichkeit zu zeigen, hast du schon erfahren. Dazu gehören spannende und unangenehme Bereiche. Es muss sich zu Hause und vor anderen ausprobieren, wird dich und andere Autoritäten hinterfragen und auch provozieren. Es wird Dinge anders machen als du, dabei bewusst „Fehler" in Kauf nehmen und moralische Grundsätze infrage stellen. Sicher wird dein Kind dir immer noch gut zuhören, wenn du das bei ihm auch machst, aber es wird auch diskutieren und deine Argumente ablehnen.

Das klingt schon nach Pubertät? Ein wenig Unterschied ist da noch: Dein Kind wird sich von dir jetzt noch häufig anleiten lassen und braucht das auch. Du bist noch die Person, die am Ende Regeln suchen, mit ihm aufstellen und durchsetzen muss. „Grenzen setzen" nennen das viele, aber das klingt wieder sehr nach einem Gegeneinander.

Ich finde „Orientierung geben" viel wichtiger. Stell dir vor, dein Kind läuft durch einen Irrgarten. Beim Grenzensetzen würdest du ihm weitere Hindernisse in den Weg werfen oder es gegen die nächste Wand schubsen, damit es merkt, da geht es nicht entlang. Beim Orientierung geben hilfst du ihm, die richtigen Wege zu finden. Das kann gut sein aber auch schwer sein, weil der Weg über eine steile Anhöhe führt. Deinem Kind das dennoch zugewandt zuzumuten, gehört zu deinem Job.

Lass deinem Grundschulkind dabei jetzt schon viele Freiräume, sonst wird es schwer im Miteinander und das tut seiner Persönlichkeitsentwicklung nicht gut.

Das Leben gewinnt für dein Kind an Komplexität, wenn sein Kopf nach und nach tiefere Zusammenhänge sehen kann. Das wird dir in der Grundschulzeit immer stärker auffallen. Es hinterfragt, kritisiert, grübelt mehr. Es wird immer wieder über sich und seine Welt im Kleinen oder im Großen nachdenken. Dabei bildet dein Kind eigene Meinungen und auch seine eigenen ersten unabhängigen Moralvorstellungen aus. Seine Fragen werden an dem bislang nahezu perfekten Bild kratzen, das es von dir hatte. Das Positive daran ist: Dein Kind traut sich zu widersprechen. Das ist ein wichtiger Baustein von Bewältigungskraft und Lebensstärke.

Mehr Meinung

Zur geistigen und moralischen Entwicklung gehört auch eine grundlegende Haltung zum Leben: *„Ist die Welt gut oder schlecht? Wer sind die Guten? Bin ich eher zuversichtlich oder hoffnungslos? Wo ist mein Platz und kann ich etwas bewirken?“* Manche Kinder denken offen darüber nach, stellen Fragen dazu. Bei anderen bemerkst du das Thema eher unterschwellig. Es geht um Glaubenssätze, die aufs große Ganze bezogen sind, nicht nur auf dein Kind selbst.

Sei ihm ein gutes Vorbild. Das heißt nicht, dass du engelsgleich niemals Vorurteile zeigen darfst, nur Bioprodukte kaufen musst und engagiert für jedes politisches Projekt eintreten sollst.

Wie geht das? Sei authentisch. Tu was du schaffst. Du solltest nur darum wissen, dass dein Kind sich viel von dir abguckt. Und wenn du möchtest, dass es optimistisch in die Welt geht, anderen Menschen hilft, Absprachen einhält, auf umweltschädliche Produkte verzichtet, dann wirst du das eher erreichen, wenn du ihm das auch entsprechend vorlebst. Es ist kein Kleinkind mehr. Dein Grundschulkind bekommt richtig viel mit. Vielleicht schafft ihr es auch, Ziele, die ihr beide für erstrebenswert haltet, gemeinsam zu erreichen. Dein Kind und seine Fragen sowie auch deine Wünsche für seinen Lebensweg machen es dir plötzlich leichter, für etwas einzustehen, was dir schon lange am Herzen liegt.

Du stellst Weichen und bist Vorbild.

VORBILD SEIN

Du bist deinem Kind immer auch Vorbild mit deinen eher schlechten Seiten. Was ist eines deiner Laster? Was du nicht stolz ins Freundebuch deines Kindes eintragen würdest, weil du dir eigentlich wünschst, dass dein Kind nicht so wird? Es kann auch etwas sein, was du unterlässt, obwohl es gut wäre, es zu tun. Kannst du dir vorstellen, etwas daran zu ändern? Dann starte das und sprich mit deinem Kind darüber.

Mehr Moralvorstellungen

Durch das, was du deinem Kind im Kleinkindalter vorgelebt hast, hat es gelernt, ob es Dinge richtig oder falsch finden sollte. Du könntest das „brav“ oder gar „gehorsam“ nennen, aber dein Kind ist lange Zeit einfach noch nicht imstande, dich anzuzweifeln. Im Grundschulalter wirst du merken, dass das anders wird. Meist hast du es noch nicht mit großen moralischen Fragen wie Umwelt- oder Flüchtlingspolitik zu tun. Aber dein Kind wird dich dennoch immer wieder überraschen, hinterfragen und nicht mehr einfach deine Meinung übernehmen.

Es lernt von dir Regeln, entscheidet aber immer bewusster, ob es sie einhalten will:

- Das wird davon beeinflusst, ob dein Kind die Regeln und Werte für sich selbst als sinnvoll ansieht, aber auch ob sie für seine Außendarstellung wichtig sind: *„Mögen die anderen mich dann noch?“*
- Es kann Geschehnisse immer komplexer betrachten und daher die Moral anderer detaillierter beurteilen: *„Oh, oh, der Mann klaut! Aber er macht es für seine hungrigen Kinder! Und seine Mutter war auch schon eine Diebin!“*
- Dein Kind wird ebenso danach entscheiden, ob ihm Strafen drohen und ob seine Beziehungen sicher sind oder sich jemand von ihm abwendet: *„Ich mache es lieber nicht, weil ich dann nicht mehr allein in die Stadt darf.“* oder *„Das lasse ich lieber, weil Mama dann nicht mehr mit mir hierherkommt.“*

Du merkst: Dein Kind ist immer noch sehr abhängig von seinen Bezugspersonen und ihrem Verhalten. Das gibt dir im Grunde Macht, aber vor allem gibt es dir eine Verantwortung. Statt deine Position auszunutzen, kannst du beziehungsstark ins Miteinander und ins Mitfühlen gehen.

Grundschulkinder merken an immer mehr Stellen, dass die Regeln der eigenen Familie und die der Allgemeinheit, der Schule oder anderer Familien nicht immer übereinstimmen. Das eine Kind darf sofort am ersten Tag ohne Fieber wieder zu Schule, das andere soll bitte aus Rücksicht auf andere noch zwei Tage länger zu Hause bleiben. Eines darf sein Radiergummi bemalen, das andere bekommt Ärger dafür. Ein Kind nimmt sich immer etwas aus anderen Brotdosen ohne groß zu fragen, während dein Kind da gehemmt wäre.

Das wird dazu führen, dass dein Kind Regeln und moralische Vorstellungen infrage stellt, sich plötzlich unerwartet verhält oder aber auch mit dir diskutiert: *„Alle anderen dürfen aber!“* Dieser Entwicklungsschritt ist wichtig und dein Kind braucht dich als Sparringspartner.

Erkläre die Welt und fördere Verständnis, anstatt von oben herab zu maßregeln.

Wie geht das? Zeige deinem Kind, warum etwas richtig oder falsch ist. Dazu gehören auch Familienkonferenzen, Gespräche und Kompromisssuche. Diskutiert was das Zeug hält. Halte die Meinung deines Kindes aus und verstehe seine Gründe. Es kann sein, dass es über seinen Vorstellungshorizont geht, dass manches in anderen Familien so anders läuft und dein Kind das einfach ganz furchtbar findet. Viele Grundschulkinder sind noch harte Gerechtigkeitskämpfer und sehr besserwisserisch. Dann bist du gefragt, mit deinem Kind empathisch hinzusehen, wie es kommt, dass andere Menschen andere Moralvorstellungen haben. Sucht Gründe, Pros und Kontras, besprecht die Probleme, die dadurch entstehen, und findet eure eigene Moral – in einigen Punkte auch nicht übereinstimmend. Das ist beziehungsstark.

Motiviere dein Kind, moralisch zu handeln: *„Ich fühle mich verpflichtet und ich will auch. Denn es ist richtig! (Auch wenn niemand guckt.)"* Moralische Werte werden sich immer tiefer in einen jungen Menschen eingraben, wenn er sie begriffen hat, als wenn er nur nach Lob und Sanktion entscheidet. So entsteht in deinem Kind ein zuverlässiges Gewissen, und so lernt es auch, dich mit Respekt zu sehen.

Du schaffst Verständnis und Motivation.

VERSTÄNDNIS SCHAFFEN

Überleg mal, wann du zuletzt jemanden aus der Nachbarschaft oder aus deinem Freundeskreis unüberlegt und oberflächlich bewertet hast. Das passiert so schnell. Und dann frag dein Kind nach seiner Meinung: War deine Bewertung gerechtfertigt oder gemein?

Überlegt gemeinsam, ob es nicht gute Gründe gibt, warum die Person sich so gezeigt oder verhalten hat, und ob du sie zu Unrecht und vorschnell negativ bewertet hast.

So lernt dein Kind, was Lästern ist und warum man sich das gar nicht angewöhnen sollte. Und es merkt, das du Fehler eingestehen kannst. Beides ist sehr wertvoll.

Mehr gesellschaftliches Bewusstsein: „Aber wir müssen doch die Umwelt retten!"

Grundschulkinder haben manchmal eine unfassbare Power, um für etwas zu kämpfen. Sie sehen noch nicht die Probleme und Windmühlen vor sich, wenn sie eine Idealvorstellung im Kopf haben. Gerade Umweltschutz und Nachhaltigkeit können heutzutage zu ihrem Thema werden, für das sie sich echt einsetzen mögen. Du kannst deinem Kind dabei helfen, diesen Enthusiasmus solange es geht beizubehalten.

Wie geht das? Lass dein Kind teilhaben an aktuellen politischen Themen. Kindernachrichten sind der beste Startpunkt. Versuch, mit ihm gemeinsam das Thema zu verstehen, diskutiert wieder über die Moralvorstellungen hinter den Nachrichten und findet gemeinsam heraus, was ihr im Kleinen zum Beispiel für die Umwelt tun könnt. Wichtig ist, dass du dein Kind ernst nimmst und mitmachst, auch wenn du dich dafür von Duschgel auf Seife umgewöhnen musst.

Schön sind auch gemeinsame kleine Projekte wie Gemüseanbau in einem Blumenkasten oder Upcycling von alten Gegenständen oder Kleidungsstücken. Das Internet bietet jede Menge Inspiration. So kann dein Kind sich auch bei solch einem riesigen Thema im Kleinen bewältigungskräftig erleben.

KEINE ANGST VORM NEUEN ALLTAG

Im Gegensatz zu deinem Kindergartenkind, das an fast allen Stellen noch eng begleitet wurde, geht dein Grundschulkind nun raus aus der starken Nähe. Zuvor stand jemand an der Tür, wenn du dein Kind gebracht hast, und konnte dir von seinem Tag erzählen, wenn du es abgeholt hast. Du kanntest alle anderen Kinder und Eltern in der Betreuungsgruppe, bist wahrscheinlich noch auf fast allen Wegen mitgegangen. Jetzt erlebt ihr einen ganz neuen Alltag.

Dein Kind zieht allein los, erzählt nicht mehr alles. Andere bewerten oder beeinflussen es und seinen Lebensweg. Es hat mehr Möglichkeiten, aber auch mehr Verpflichtungen, die es sicher nicht immer erfüllen will oder kann. Sein Alltag ist manchmal wie um 180° gedreht. Aber eure Beziehung kann das packen!

Neue Eigenständigkeit

Oft schon im Vorschuljahr, aber spätestens jetzt drängt dein Kind in eine Autonomie, die weitergeht als *„Ich suche meine Socken allein aus!“* Die Umstände schieben das an, denn die Schulen erwarten eigenständigere Kinder als die Kitas. Vielleicht merkst du deinem Kind den Wunsch nach Unabhängigkeit nicht offen an. Unsicherheiten können das verdecken. Aber er schlummert genauso in jedem Kind wie in Babys das Entwicklungsziel, irgendwann den aufrechten Gang zu beherrschen.

Mehr Eigenverantwortung

Gib der Unabhängigkeit also Chancen. Dazu gehört es, Vertrauen zu schenken: den Lehrkräften, die ohne Eingewöhnung fast täglich, persönlich mit deinem Kind umgehen, und deinem Kind, das nicht mehr überall an die Hand genommen werden sollte.

Wie geht das? Fällt es dir schwer, deinem Kind zu vertrauen, übe das unbedingt. Du kannst dein Kind vorbereiten: auf den Schulweg, das Packen des Ranzens, den Umgang mit Konflikten in der Klasse. Aber es sollte Hilfe zur Selbsthilfe bleiben. Dein Kind sollte Ideen äußern, Gegenfragen stellen und offen gesagt auch scheitern und Fehler machen dürfen. Zu spät kommen, das Mathebuch vergessen, die Freundin im Streit kneifen. Aus solchen Momenten lernt es, auch wenn es erst einmal unangenehm sein kann. Vertrau auf eure Beziehungsstärke und seine Bewältigungskraft. Wenn du zu stark losgelassen und vertraut hast, wirst du es merken und kannst nachjustieren.

Du vertraust und lässt los.

VERTRAUEN UND LOSLASSEN

Was übernimmst du derzeit noch für dein Kind, das dich wirklich sehr nervt? Kannst du die Verantwortung in kleinen Schritten deinem Kind übergeben? Nach dem Motto „*Erst ich ein bisschen und dann du!*"?

Hilf deinem Kind dabei, das zu tun, was du bisher getan hast: Einerseits kann es sich jetzt mehr um sich kümmern, anstatt dass du das tust. Und andererseits kannst du es auch dazu inspirieren, sich selbst mehr um andere zu kümmern, wie du es immer wieder für dein Kind getan hast. Das stärkt Eigenständigkeit und Selbstwert.

Eigene Grenzen: „Nein!"

Wie oft hast du dich schon geärgert, weil du Nein sagen wolltest, aber es nicht geschafft hast? Vielen Menschen fällt das Äußern ihrer Bedürfnisse schwer. Zu sehr haben wir im Kopf, dass das andere ärgern könnte, dass wir unsympathisch oder egoistisch erscheinen könnten. Viele Erwachsene haben das Neinsagen nämlich in der Kindheit nicht gut gelernt.

Dein Kind sollte aber seine Entscheidungen nicht einfach danach ausrichten, dass sie anderen gefallen. Das wäre keine Bewältigungskraft. Es braucht Raum und Mut, um Nein oder auch Ja zu sagen.

Leider wird gerade Kindern rasch unterstellt, ein Nein würde aus Faulheit und Unlust geäußert *„Nö, ich mache die Hausaufgaben nicht!"* Das kann immer so sein, ist aber auch keine Schande. Wer hat schon immer Lust? Und trotzdem ist es kein Grund, das Nein einfach zu übergehen. Es ist ja erst einmal gut, dass dein Kind spürt, was ihm passt und was nicht.

Wie geht das? Dein Kind sollte das Gefühl haben, bei dir immer ein Nein äußern zu können. Wenn du ihm nicht gleich über den Mund fährst, sondern Neins anschaust, mit deinem Kind darüber diskutierst und ihr euch gemeinsam bemüht, Kompromisse zu finden, sobald eure Meinungen nicht zueinanderpassen, ist das eine sehr gute Begleitung: *„Es ist nicht schlimm, dass dein Bauchgefühl etwas anderes sagt als meins.“* Beschäme dein Kind nicht für ein Nein. Lass dir genau erklären, wo sein Nein-Gefühl herkommt.

DEINE NEINS

Äußere deine eigenen Neins deinem Kind gegenüber zugewandt und unterfüttere sie mit Erklärungen. Es wird sie trotzdem nicht immer annehmen können, aber die Wahrscheinlichkeit ist höher, wenn es die Ablehnung verstehen kann. Schön ist auch, wenn aus deinem Nein in manch einer Diskussion doch ein Ja wird. Dann spürt dein Kind, dass es nicht komplett fremdbestimmt wird, und ist in der Tendenz kooperationsbereiter.

Gehört dein Kind eher zu denjenigen Menschen, denen ein Nein schwerfällt, kannst du es mit ihm üben:

- Ergänzt das ausgesprochene Nein mit einer geraden, aufrechten Körperhaltung: Füße fest auf den Boden, Brust raus, Kinn hoch.
- Packt noch eine Stoppgeste mit den Händen dazu.
- Und dreht mal eure Lautstärke hoch, wenn ihr Nein sagt.

Das wird deinem Kind helfen, wenn es sein Nein Gleichaltrigen oder Älteren gegenüber klarmachen muss oder auch zu einem fremden Erwachsenen Nein sagen will. Nein sagen zu können ist übrigens neben Wissen und Selbstsicherheit ein wichtiger Baustein dafür, dass dein Kind gut und bewältigungskräftig gegen Mobbing, Mitläufertum oder auch sexuellen Missbrauch aufgestellt ist.

Rückzug: „Lass mich in Ruhe!“

Dein Kind wird bei all den Anforderungen auch immer wieder mehr Ruhe benötigen. Manchmal wirkt sein Verhalten daher ablehnend oder einfach ganz anders als in der Kindergartenzeit. Das kann dich verunsichern. Wenn ihr gut im Gespräch und in Beziehung seid, wirst du aber spüren, falls etwas Bedenkliches hinter einem Rückzug steckt. Meist ist das ganz normal: etwas Abwendung, Veränderung, etwas mehr Unabhängigkeit von dir. Lass deinem Kind die Möglichkeit.

Wie geht das? Sorge für Entspannung. Das kann sehr unterschiedlich aussehen: Die einen verschwinden zwischen Spielzeugbergen, in einem Hörspiel, hinter Buchdeckeln, Malbüchern oder Tabletspielen. Die anderen brauchen ein Trampolin, ein Fahrrad, Lautstärke, Platz, andere Menschen, Freiheit. Das ist der Unterschied zwischen introvertierten und extrovertierten Menschen. Beides bedeutet für die jeweiligen Person Erholung. Lass deinem Kind den Raum für seine individuelle Wahl, zum Beispiel zwischen zwei Hausaufgabenphasen. Wenn es selbst weiß und zeigt, was es braucht, ist das schon bewältigungskräftig.

PLATZ FÜR UNTERSCHIEDE

Macht dein Kind ganz anders Pause als du, kann das manchmal schwer auszuhalten sein. Dann denk an den Tipp zum gemeinsamen Reden: Betrachtet Dinge von verschiedenen Seiten und holt alles an die Oberfläche. Sag deinem Kind also offen, dass das für dich seltsam ist, dass du es immer anders gemacht hast, anstatt zu hinterfragen oder zu kritisieren. So kommt ihr wieder ins Miteinander statt ins Gegeneinander. Das gilt für ganz viele Situationen, zum Beispiel auch, wenn dein Kind anders lernt oder arbeitet als du.

Geheimnisse: „Ich erzähle das nicht!"

Dein Kind wird nun möglicherweise einiges eher im Verborgenen tun. Das spricht überhaupt nicht gegen eure Beziehungsstärke. Vielleicht erinnerst du dich, dass dein Kind im Kindergartenalter Probleme damit hatte, dem Opa nicht zu verraten, welche Geburtstagsüberraschung für ihn geplant wurde. Oder es platzte beim Versteckspiel immer aus seinem Unterschlupf heraus, weil es nicht abwarten konnte, zu enthüllen welchen genialen Ort es für sich gefunden hatte. Daher ist das Geheimniswahren erstmal eine neue, tolle Fähigkeit.

Sie ist gut, wenn dein Kind sich ein Geschenk für jemanden ausdenkt oder etwas Spielerisches mit einem Freund oder einer Freundin plant, zum Beispiel ganz exklusiv, ohne bestimmte andere Kinder. Das kann stärken. Geheimnisse sind auch gut, wenn dein Kind kleine Schritte in die Autonomie erst einmal für sich ausprobieren möchte, bevor es bei dir dazu mit der Sprache herausrückt. Dann kommt plötzlich das Geständnis, dass es auf dem Heimweg von der Schule einen Umweg zum Bäcker gewagt hat. Und manchmal ist das Wahren von Geheimnissen in so einem Fall richtig hilfreich, wenn du nämlich eher ängstlich bist und dein Kind damit auslöst, dass dir klar wird, du kannst ihm längst mehr zutrauen als du es tust. Dein Kind wächst und entwickelt Privatsphäre. Du kannst das Gute an der neuen Fähigkeit unterstützen.

Wie geht das? Geh mit deinem Kind gezielt selbst eine Heimlichtuerei an. Plant etwas, flüstert darüber, schiebt euch Zettelchen zu. Vielleicht fühlst du dich besser mit dem Thema, wenn ihr auch mal ein gemeinsames Geheimnis habt.

Im Verlauf der Grundschulzeit kann es sein, dass Intimität ein Thema wird und zu Geheimnissen führt. Vielleicht entdeckt dein Kind seinen Körper mehr und mag sich anfassen. Wahrscheinlich spürt oder weiß es schon, dass das etwas ist, was für viele Menschen schambehaftet ist und auch nicht vor aller Augen stattfinden sollte. Deshalb tut es diese Dinge möglicherweise im Verborgenen. Das ist okay.

Lies für mehr Inspiration zum Umgang damit Kapitel „Sexualität" ab S. 113.

Doch es gibt auch schlechte Geheimnisse, die dein Kind nun besser wahren könnte, aber die es nicht für sich behalten sollte. Damit du Beziehungsstärke erleben kannst und dein Kind dir auch schlechte Geheimnisse erzählen mag, muss es dir vertrauen können. Vertrauen wächst aus Erfahrung. Erlebt dein Kind immer wieder, dass du feinfühlig mitfühlst, was bei ihm los ist, dass du ihm hilfst und es nicht bloßstellst, entsteht in ihm die Erwartungshaltung, dass du vertrauenswürdig bist.

Geh damit nicht leichtfertig um. Spar es dir, Situationen, die über Tag nicht gut gelaufen sind, beim Abendessen vor der ganzen Familie nochmal auszupacken. Vermeide es, mit Lehrkräften über ein Problem zu sprechen, das dein Kind dir anvertraut hat, ohne dein Kind zu fragen, ob das okay ist. Seid immer im gleichen Team.

In Bezug auf schlechte Geheimnisse kann es helfen, wenn du genauer darüber nachdenkst und mit deinem Kind darüber sprichst:

- Wann hattest du mal ein schlechtes Geheimnis in deinem Kopf? Wie hast du dich da gefühlt? Wem hast du dich anvertraut? Wie hilfreich war das?
- Was können schlechte Geheimnisse sein? Wie erkennt dein Kind sie? Zum Beispiel sind es oft Dinge, die Bauchweh oder Herzklopfen auslösen können, die ein Schuldgefühl haben wachsen lassen oder bei denen es Angst vor einer Strafe oder Bloßstellung hat.

Alleinbleiben: „Ich mag nicht mitkommen!"

Die Einschulung bringt mit sich, dass dein Kind allein in der Schule bleibt und auch den Schulweg ohne Begleitung meistert. Das ist das eine. Ebenso kann es aber sein, dass dein Kind auch bei euch zu Hause endlich Alleinzeiten erleben möchte. Das ist aufregend und schön! Du kennst das doch selbst: Wie anders ist es daheim, wenn außer dir niemand da ist?

Hinzu kommt, dass dein Kind langsam erkennt, dass die Nachmittage bei deiner Freundin und die Fahrten in den Supermarkt gar nicht so einen großen Spaß machen und es deshalb lieber zu Hause bleiben möchte, wenn du losgehst. Es hat auch dazu jetzt eine eigene Meinung. Zeig dich auch an dieser Stelle verständnisvoll.

Wie geht das? Gib dein Okay, auch wenn es dich nervös macht und du im ersten Moment denkst *„Nee, du bleibst nicht hier. Das haben wir doch schon immer so gemacht!"* Sprecht über eure Gefühle. Und lass dein Kind das Alleinbleiben ausprobieren. Den Zeitraum kannst du nach und nach verlängern.

Besprecht auch Notfalllösungen und mögliche Schwierigkeiten:

- Wie kann dein Kind dich erreichen?
- Wie kannst du dein Kind erreichen?
- Wer in der Nachbarschaft wäre ansprechbar, wenn schnelle Hilfe nötig wäre?
- Wo könnte ein Schlüssel deponiert sein, falls dein Kind sich ausschließt oder mal kurz raus möchte?
- Mögt ihr ein Klingelzeichen für Telefon und Türglocke vereinbaren, damit dein Kind nur auf dich achtet, aber mit niemand Fremdem telefoniert und anderen nicht die Tür aufmacht?
- Was darf dein Kind nicht machen, während du weg bist? Herd, Kerzen, offene Fenster?

Passiert dann tatsächlich mal etwas, ist das meist kein absolutes Drama, sondern eine Chance, dass dein Kind seine Bewältigungskraft spüren kann.

Digitale Medien: „Ich will ein Handy!"

Nach der Einschulung eröffnen sich rasch neue Welten für dein Kind. Sobald es lesen kann, werden eigene Bücher interessanter, aber auch digitale Inhalte reizen mehr und mehr – nicht nur dank des Lesevermögens, sondern auch weil die Gleichaltrigen sich untereinander mehr zeigen, erzählen und unterschiedlich viel kennen und dürfen. Grundschulkinder bestätigen fast durch die Bank, wie sehr gerade das Digitale sie fasziniert, und wie könnten wir Großen ihnen das verübeln. Sie sagen allerdings auch, dass echte Begegnungen ihnen eigentlich mehr Spaß machen. Das ist eine gute Basis, um alle Lebenswelten gleichberechtigt in das Leben deines Kindes einzubauen. Lass dich nicht verrückt machen von den glorifizierenden Erinnerungen an die Kindheit der heutigen Eltern mit einer ganzen Rasselbande, Baumhäusern und Tretautos. Heutige Kinder haben oft weniger Freunde oder Freundinnen und weniger Momente mit ihnen, aber dennoch sehr innige Freundschaften und Erlebnisse.

Gut und schlecht ist es, dass die Lesefähigkeit und auch die digitalen Medien dazu beitragen, dass die Themen der Erwachsenen für dein Kind greifbarer werden.

Stressig ist der Druck, der durch die anderen Kinder in Sachen digitale Medien entstehen kann: *„Ich darf schon! Ich hab schon! Ich kriege das neue! Na, kannst'e wohl nicht mitziehen?!"*

Herausfordernd ist auch, wenn dein Kind eher negative Schulerfahrungen macht und die digitalen Medien gern nutzt, um vor dem Ärger davonzulaufen. Denn viel Bildschirmzeit beschränkt die Möglichkeiten deines Kindes, gute Erfahrungen mit anderen Menschen zu machen, und so kann auch Konfliktscheu wachsen. Allerdings: Viel Zeit hinter Buchseiten kann genauso zu einer sozialen Hemmung führen! Extreme sind nie gut.

Gut ist hingegen, dass dein Kind dadurch die Chance bekommt, immer mehr selbst zu verstehen, Informationen zu suchen und seine Meinung auszubilden.

Für dich ist bei allem der Grundsatz wichtig, dein Kind gerade im Bereich der digitalen Medien gut zu begleiten, anstatt ihm alles zu untersagen. Das ist wie mit Süßigkeiten: Wer nie Schokolade essen darf, wird sich bei der erstbesten Gelegenheit vollkommen daran überfressen.

„Alle dürfen das spielen. Alle haben ein Handy!“ – die Argumente hast du selbst wahrscheinlich als Kind schon in anderen Bereichen genutzt. So ganz stimmen sie nie, aber irgendwie sind sie doch wichtig. Denn dein Kind hat offensichtlich einen großen Wunsch dazuzugehören und Bescheid zu wissen. Erfülle Wünsche nicht immer, doch beachte das Bedürfnis, das dahintersteht: Dein Kind möchte dazugehören und mitmachen. Ein Mittelweg ist ein gut begleiteter Start an einem Gerät zu Hause: Tablet oder PC, du in Reichweite, ausgewählte Inhalte, feste Zeiten. Auch da kann dein Kind Spiele, Apps und Videos austesten, die in der Schule Thema sind, aber du kannst mit ihm über Gefahren sprechen, was bei einem mobilen Gerät mit Internetzugang nicht der Fall wäre. Kinder im Grundschulalter sind dafür definitiv zu unreif, denn sie können Problematisches noch nicht überblicken.

Wie geht das? Mache dich mit den Argumenten vertraut, die gegen einen frühen Start mit eigenem Handy sprechen und zeige deinem Kind, in welchem anderen Rahmen es an der digitalen Welt teilhaben kann. Besorg dir Informationen über aktuelle Apps, Spiele sowie über Gefahren, gerade für Kinder. Die Initiative *SCHAU HIN!* bietet hilfreiche, immer wieder aktualisierte Informationen dazu. Es ist wichtig, dein Kind kompetent zu machen, denn irgendwann bist du nicht mehr dabei, um zu filtern, welche Seiten es besucht und welche Texte oder Daten es online stellt. Einstellungen zum Jugendschutz sind wichtig und gut, klare Handlungsanweisungen aber noch besser. Mach es mit Beziehungsstärke:

- Zeig deinem Kind Kindersuchmaschinen und weitere Seiten, die sich explizit an Kinder richten. Sprecht über alles, was dein Kind entdeckt.
- Erklär ihm, dass es keine Fotos, keinen Namen und keine Adressdaten hochladen sollte, ohne mit dir zu sprechen. Wenn es etwas davon tun möchte, lass dir genau erklären, wo und wofür, und sprecht darüber, ob das gut oder riskant ist.
- Die berühmten 30 Minuten müssen es nicht sein. Wichtig ist ein guter Ausgleich zwischen den verschiedenen Aktivitäten deines Kindes, damit auch Bewegung, das soziale Miteinander, wechselndes Programm für die Augen und auch die Schule nicht zu kurz kommen. Überlegt gemeinsam, woran dein Kind sich orientieren kann: die Dauer eines Videos, die Dauer eines Spiellevels oder doch ein Timer? Was passt heute, was passt morgen gut?

Hinsichtlich der Nutzungszeit bist du das wichtigste Vorbild. Das bedeutet nicht ausschließlich, dass du möglichst wenig am Gerät sein solltest, sondern vor allem, dass du es sehr bewusst und sehr vielfältig nutzt:

- Zeig deinem Kind, wie alltagspraktisch Handys & Co. sind: als Taschenrechner, Lexikon, Kamera, Atlas, Lernhilfe. Spezielle Lernapps können sogar besonders motivierend sein.

- Und zeig ihm auch, dass jeder Mensch das Recht auf Pause hat, indem du Benachrichtigungen aus- oder leise stellst und nicht immer sofort aufspringst, wenn du eine Mail erhältst.
- Legt Zeiten fest, zu denen alle Geräte ausgemacht werden, und Orte, an denen sie liegen können, um ein bisschen aus den Augen und aus dem Sinn zu sein. Alles, was du dir angewöhnst und dein Kind jetzt schon übernimmt, wird ihm später helfen, einen gesunden Umgang mit den reizvollen Geräten und Inhalten zu haben.

Neue Bewertungen

In der Einleitung dieses Ratgebers habe ich es schon erwähnt: Ab der Einschulung wird dein Kind immer mehr begutachtet, bewertet, verglichen. Im kleineren Rahmen kam das schon vorher vor, wenn es um die Gewichtskurven im Vorsorgeheft oder um die Entwicklungsbögen im Kindergarten ging. Doch in der Schule wird deinem Kind das Bewerten erstmals so richtig deutlich.

Mehr Kritik

Hört dein Kind positive Kritik, wird es sich damit in der Regel sehr wohl fühlen. Das Herausfordernde ist das negative Feedback: Noten, Hefteinträge, Ermahnungen, Anprangern durch Verhaltensampeln.

> **Verhaltensampeln**
> In Gruppensituationen kann es für pädagogische Fachkräfte manchmal schwer sein, Kindern in Zweiergesprächen eine Rückmeldung zu ihrem Verhalten zu geben und Zeit zu finden, mit dem Kind zu überlegen, welche Veränderungen machbar wären. Daher haben sich viele Lob- und Tadelsysteme etabliert, die offen vor der ganzen Klasse aufzeigen, wer sich gut und wer sich danebenbenimmt. Zum Beispiel Ampeln, auf denen erwünschtes Verhalten grün, Störungen gelb und grobe Regelverstöße rot angezeigt werden.

Kinder gehen sehr unterschiedlich damit um:

- Manche Kinder können mit dem Feedback stark umgehen, nehmen Kritik konstruktiv auf und können recht selbstständig Verhaltensweisen ändern.
- Andere Kinder nehmen die Rückmeldungen als Bestrafung wahr, fühlen sich gegängelt und entwickeln ungute Gefühle gegenüber den Lehrpersonen. Sie sehen gar nicht das Thema, zu dem sie Kritik bekommen haben, sondern nur das unfaire Machtgefälle.
- Und wieder andere Kinder nehmen sich öffentliche Tadel sehr zu Herzen, vor allem wenn die Lehrkraft ihn daran knüpft, ob der ganze Tisch eine Strafe oder eine Hausaufgabenbefreiung bekommt.

Du siehst, die Systeme haben teilweise verständliche Gründe, aber können sich sehr ungut auswirken, wenn die Lehrkraft nicht darauf achtet, keinen zu beschämen, und deinem Kind nicht sagt, was es tun und ändern kann, sondern nur was es lassen soll. Beobachte, wie es in der Klasse deines Kindes ist.

Spürst du, dass dein Kind sich durch negative Bewertungen immer schlechter fühlt, denk wieder an die schon erwähnten Glaubenssätze. Sind sie stark genug, dass dein Kind mit negativen Rückmeldungen zurechtkommt? Sind sie es nicht, entstehen möglicherweise Minderwertigkeitsgefühle. Sie wirken sich sehr schlecht auf die Entwicklung deines Kindes aus. Zum einen können sie Ängste befeuern: *„Ich bin so mies. Lernen bringt ohnehin nichts. Die Note wird wieder schlecht sein.“* Diese führen wiederum in manchen Fällen zu Unlust, Hemmungen, auch zu Versagen oder gar zu Schulverweigerung. Auch Enthemmung ist möglich: also starkes Zappeln oder Aggressionen durch die innere Unruhe und Unsicherheit.

Zum anderen können sie starken Druck erzeugen: *„Ich bin so mies. Keiner mag mich deswegen. Ich muss mich mehr anstrengen, damit ich gemocht werde. Wenn ich die beste Deutscharbeit schreibe, werden alle mit mir befreundet sein wollen.“* Das klingt übertrieben? Manche Kinder neigen wirklich zu einer derartigen Überkompensation, das heißt, sie geben plötzlich all ihre Kraft für die Schule her, lernen übermäßig viel, zeigen einen ungesunden Ehrgeiz, der sie Freundschaften und Hobbys vergessen lässt.

Hilf deinem Kind in beiden Fällen.

Wie geht das? Sprich mit deinem Kind darüber, dass jeder Mensch unterschiedliche Voraussetzungen mitbringt, die dafür sorgen, dass die eine gut im freien Reden oder im Basketball ist, der andere nicht. Fangt mit einem Blick in die Familie an: Da entdeckt ihr Unterschiede bei den Körpergrößen, der Erfahrung und dem Training sowie verschiedene Schwerpunkte bei den individuellen Fähigkeiten (im Denken, Bewegen, im Sozialen oder sprachlich). Was kann dein Kind wirklich? Was macht Leistung möglicherweise gerade schwer? Alle haben Stärken und Schwächen. Alle spüren manchmal extra Belastungen. Darum sind Leistungen unterschiedlich. Das ist okay.

Sprecht darüber, warum es in Gruppen leicht dazu kommt, dass jemand ausgelacht wird: Solches Verhalten verschafft einzelnen rasch ein Gefühl von Sicherheit, Zusammengehörigkeit und Überlegenheit. Das ist fies, aber menschlich. Wann hast du schon mal jemanden ausgelacht? Wann hat dein Kind das gemacht? Was wäre in den Momenten besser gewesen?

Unterstütze dein Kind dabei, sich das Gefühl für seinen eigenen Wert woanders als im schulischen Alltag zu holen:

- Welche Stärken hat es und wo kann es die einsetzen?
- Was ist seine Leidenschaft, für die es auch Rückschläge hinnehmen mag und gute Lernerfahrungen machen kann?
- Mit welchen Personen kann dein Kind sich zusammen als wertvollen Menschen erleben?
- Mit welchen Aktivitäten kann dein Kind sich unabhängig von anderen als glücklich erleben?

LEIDENSCHAFTEN AUSLEBEN

Ist dein Kind gern kreativ? Vielleicht findet ihr eine Künstlerin in der Nähe, einen Kunststudenten, eine kreative Oberstufenschülerin, die zu euch nach Hause kommt, um mit deinem Kind zu arbeiten. Dann fallen anstrengende Übergänge und Gruppensituationen weg, die Kurse mit sich bringen, und dein Kind kann erst einmal 1:1 eine neue Beziehung ausprobieren. Vielleicht findet ihr eine AG oder die Möglichkeit, dass dein Kind in der Schule mitwirken darf bei künstlerischen Plänen oder bei der kreativen Arbeit mit anderen Kindern, die von deinem Kind etwas lernen können. Vielleicht findet ihr jemanden in der Nachbarschaft, der oder die künstlerische Hilfe bei einem Projekt benötigen kann.

Das Gleiche gilt, wenn dein Kind zum Beispiel besonders sportlich, sehr sozial oder sehr interessiert an einem bestimmten Themenfeld ist. Wie kann diese Leidenschaft dafür genutzt werden, dass es gute Erfahrungen außerhalb der Schule macht? Denn mit einem derartig gestärkten Rücken fällt es leichter, Kritik und schlechte Bewertungen auszuhalten.

Fällt dir in der Klasse deines Kindes auf, das unerwünschtes Verhalten nicht beziehungsstark bearbeitet wird, also nicht im helfenden Gespräch zwischen Kind und Lehrkraft, such das Gespräch mit der Klassenleitung: Was verspricht sie sich davon? Warum ist es anders nicht möglich? Wo findest du die Umsetzung schwierig? Welche Alternativen könnte man entwickeln? Oder übersiehst du, was die Lehrkraft eigentlich noch macht, weil dein Kind nur von der Verhaltensampel erzählt hat?

Für dein Kind könntest du beispielsweise danach fragen, ob dir negatives Feedback nicht täglich, sondern nur einmal die Woche ins Hausaufgabenheft eingetragen wird oder ob auch positive Rückmeldungen notiert werden können. Schau mal darauf, was dein Kind an der bisherigen Feedbackkultur stresst. Frag es danach, was es sich stattdessen wünschen würde. Guck darauf, was bisher dafür getan wird, dass dein Kind nicht nur lernt, was es falsch macht, sondern auch, wie es sich verändern kann. Das bedeutet nicht, die ganze Verantwortung an die Lehrkraft abzugeben. Schaut auch darauf, was ihr zu Hause tun könnt und welche Schritte dein Kind anbieten kann.

Du zeigst deinem Kind, dass Fehler hilfreich sind und es sich an vielen Stellen wertvoll fühlen kann.

FEHLERKULTUR

Wie gut dein Kind mit Kritik umgehen kann, hat nicht nur damit zu tun, wie das negative Feedback an es herangetragen wird. Es hängt auch davon ab, was für einen Umgang mit Fehlern und Defiziten dein Kind bisher kennenlernen durfte. Welche Fehlerkultur lebt ihr zu Hause? Sind Fehler okay? Werden sie offen angesprochen und sucht ihr dann nach Lösungen anstatt nach Schuld?

Fehler: „Alles ist rot angestrichen!"

Dass negatives Feedback eine Herausforderung ist, weißt du selbst. Dein Kind ist in der Schule zum ersten Mal intensiv und ständig damit konfrontiert. Verhalten und vor allem auch Leistung werden dauernd gemessen. Die Rückmeldungen in Tests und Klassenarbeiten sind die ersten, die dein Kind in dieser Art erlebt. Vielleicht ist fürchterlich viel rot angemarkert und soll verbessert werden, obwohl dein Kind in der Arbeit sein gefühlt Bestes gegeben hat. So ein Frust!

Um damit gut zurechtzukommen, benötigt es von dir zu Hause eine gute Fehlerkultur: Fehler sind Freunde und Helfer auf dem Weg. Sie müssen nicht ausbleiben, sondern dürfen passieren und sollten willkommen sein, um zu verstehen, wo dein Kind noch Nachholbedarf hat.

HAUSAUFGABENKORREKTUR

Es ist verständlich, dass du dich unwohl fühlst, wenn dein Kind mit einer Hausaufgabenseite in die Schule geht, die vor Fehlern nur so wimmelt. Aber es ist auch wichtig, dass die Lehrkraft sieht, was deinem Kind noch schwerfällt. Wenn du ständig alles korrigierst und nachbessern lässt, kann der falsche Eindruck entstehen, dein Kind käme gut zurecht – und im nächsten Test wird es wahrscheinlich auf die Nase fallen. Darum halte es aus, wenn dein Kind noch Fehler macht.

Neben der positiven Einstellung zu Fehlern benötigt dein Kind an dieser Stelle wieder deine Hilfe in Sachen Bewältigungskraft, denn es muss ja aushalten können, dass so viel rot markiert ist.

Wie geht das? Einerseits sollte dein Kind verstehen, dass ein Defizit in Mathe nicht bedeutet, dass es grundsätzlich unbegabt oder gar ungeliebt ist. Eine gute Fehlerkultur trägt dazu schon bei, aber du kannst das auch nochmal einzeln hervorheben: *„Du bist nicht deine Note. Du gibst dir Mühe und interessierst dich – das ist toll! Und du bist wirklich sehr gut im Lesen. Das ist dein Talent."*

Andererseits solltest du mit deinem Kind ins Machen kommen: Was kann es noch ändern an seinem Lernverhalten? Sollte es ein Gespräch mit der Lehrkraft geben? Benötigt dein Kind anderes Lernmaterial oder andere Hilfe als dich? Die Enttäuschung über viele Fehler wird oft geringer, wenn dein Kind das Gefühl bekommt, etwas dagegen unternehmen zu können.

Hilfreich ist es außerdem, wenn dein Kind mit deiner Hilfe versteht, wo es sich in den letzten Wochen schon verbessert hat. Leider melden nämlich gerade das nicht alle Lehrkräfte zurück. Sprich das ruhig auch in der Schule an und bitte um ein derartiges Feedback.

LEHRKRÄFTE

Bekommen Kinder einen Test mit vielen roten Fehlerstrichen zurück, ist der Impuls für sie groß, zu sagen, die Lehrkraft sei gemein. Eine schlechte Bewertung fühlt sich immer wie eine Strafe an, und genau wie ein Fernsehverbot nach einem umgekippten Saftglas fühlt sich auch eine 5 nach einem missglückten Test sehr danach an, dass da eine erwachsene Person Macht ausübt. Mit diesem Gefühl wird es für dein Kind schwierig hinzuschauen, wo sein Anteil an der schlechten Bewertung liegt.

Darum hilf deinem Kind dabei zu verstehen, dass die Rückmeldungen der Lehrkräfte helfend gemeint sind, nicht fies:

- *„Herrn X. geht es nicht darum, dir zu zeigen, was du alles nicht kannst. Er möchte dir helfen zu sehen, woran du arbeiten solltest."*
- *„Frau Y. klingt vielleicht manchmal gemein, aber das ist wie bei deinem Musiklehrer: Wenn er dir zeigt, dass du die Gitarrensaite nicht richtig greifst, möchte er dir vor allem zeigen, wie es richtig geht, nichts anderes."*
- *„Ich weiß, dass sich Kritik oft erst einmal ganz schlecht anfühlt. Mir hilft es, nicht so sehr darauf zu achten, was ich anders machen soll, sondern wie ich es anders machen kann. Dann wird das Gefühl besser."*

Hassfächer: „Ich komme mit Mathe nicht klar!“

Schon in der Grundschule gibt es mehr als eine Handvoll verschiedener Fächer und es ist ganz normal, dass deinem Kind einige liegen und andere nicht. Auch das macht unter Umständen intensivere Unglücksgefühle als im Kindergarten, wo Schaukeln super lief, aber Klettern nicht so gut. Das hat dein Kind möglicherweise nicht als ganz so dramatisch empfunden, weil Bewertung durch andere ihm noch nicht so wichtig war.

Dein Kind benötigt von dir, wie im vorausgegangenen Abschnitt schon geschildert, den Blick darauf, dass ein mangelndes Talent nicht bedeutet, dass es selbst „mangelhaft“ ist.

Wie geht das? Niemand kann alles. Und da ist die Fächervielfalt gut. Findet gemeinsam heraus: Welches Fach macht denn mehr Spaß als das, in dem dein Kind so oft scheitert? Welches Fach ist interessant? Wo hatte dein Kind schon gute Erlebnisse?

Pack doch mal eines deiner alten Zeugnisse aus und zeig, dass du auch nicht überall eine 1 hattest, sondern immer wieder auch mindestens ein Fach, bei dem eine schlechte Note stand. Achte dabei darauf, keine Schublade zu öffnen. *„Ich war auch schon immer schlecht im Rechnen, das liegt uns im Blut.“* Bremse dein Kind nicht dabei aus, seine eigenen Fähigkeiten zu entdecken.

Sitzenbleiben: „Ich hab’s nicht geschafft!“

Ganz besonders schlechte Gefühle können aufkommen, wenn dein Kind nach viel Notenfrust erfährt, dass es eine Klasse wiederholen muss. Das bedeutet nicht nur Scham wegen der schlechten Leistungen, sondern auch Verlust des gewohnten Umfeldes der Klassenkameraden, wenn die Schule nicht jahrgangsübergreifend arbeitet.

Dein Kind braucht auch hier einen Schubser in Sachen Selbstwertgefühl und gute Ideen, wie es in der neuen Klasse ankommen kann.

Wie geht das? Noten sind nicht alles und Sitzenbleiben ist kein verlorenes Jahr. Es ist eine Chance, wieder aus dem Gefühl der Überforderung zu kommen hinein in seine Bewältigungskraft.

Sprecht genauer über alles:

- Woran lag es, dass die Noten so schlecht waren? Sicher nicht einfach an mangelndem Fleiß. Was war es noch? Was könnt ihr ändern? Wo benötigt dein Kind ab dem neuen Schuljahr mehr Unterstützung?
- Wie fühlt sich dein Kind mit der Situation? Alle Gefühle haben Berechtigung. Schaut euch Wut, Angst oder Traurigkeit gut an. Worauf ist dein Kind wütend und welche Veränderung liegt in seiner Hand? Wovor hat es Angst und was kann es machen, um die Sorgen zu verkleinern? Weshalb ist es traurig und worauf kann es sich aber auch freuen?
- Manche Kinder sind auch froh zu wechseln, aber falls deins um die bisherige Klassenzugehörigkeit trauert, überlegt, welche Verbindungen auf welche Art aufrechterhalten werden können. Vielleicht lässt sich mit dem liebsten Klassenkameraden oder der besten Freundin ein fester Tag für Verabredungen ausmachen oder ein gemeinsames Hobby finden, bei dem wieder Zeit zusammen stattfindet.
- Erzähl auch, wann du schon mal gescheitert bist und anders weitermachen musstest.

Bis zu einer Viertelmillion Kinder bleiben jedes Jahr in Deutschland sitzen. Das ist eine ganz schön große Zahl, oder? Vielleicht fühlt sich dein Kind in dieser großen Gruppe auch nochmal ein bisschen besser. Es ist nicht unnormal. Das passiert und ist eine Chance.

Neue Rechte und Pflichten

Je älter ein Mensch wird, desto mehr Pflichten und Rechte kommen in sein Leben. Das gilt auch schon für Grundschulkinder. Auf politischer Ebene stehen Kinderrechte noch immer nicht im Grundgesetz, aber Kinder sind dort mitgemeint. Und die Kinderrechtskonvention der UN hält wichtige Aspekte fest, wie das Recht auf Diskriminierungsfreiheit oder Beachtung des Kindeswohls, freies Großwerden und Beteiligung an Entscheidungsprozessen. Runtergebrochen auf den Alltag deines Kindes finden sich nicht immer alle Rechte umgesetzt. Selten werden Kinder in Schulen daran beteiligt, wie der allgemeine Lehrplan aussehen soll. Doch wie einzelne Unterrichtseinheiten gestaltet werden, dürfen sie doch manchmal mitentscheiden.

Mehr Möglichkeiten

Beteiligung und Mitsprache sind jetzt auch zu Hause immer besser möglich, denn dein Kind kann über entsprechende Themen tiefgründiger nachdenken und seine Bedürfnisse formulieren. In der Schule sollte es immer wieder die Möglichkeit erhalten, im Klassenrat oder anderswo aktiv mitzuwirken und für seine Rechte einzustehen. Zu Hause geht das auch.

Wie geht das? Du kannst mal überlegen, welche Mitspracherechte dein Schulkind in eurer Familie hat. Das kann ihm ganz viel Stärke schenken, weil es dein Zutrauen spürt.

Überleg zunächst mal, was bei euch alles zu entscheiden ist: jeden Tag, jede Woche, wochenends, einmal im Jahr, einmalig. Und checke dann, ob dein Kind Lust hat, etwas davon mitzudiskutieren: Was kauft ihr ein? Wann seht ihr fern? Investiert ihr das Geld, das monatlich für Ausflüge ausgegeben werden kann, in drei kleine oder eine große, teure Unternehmung? Wie könnt ihr einen spannenden Urlaubsort finden? Wie könnte das Wohnzimmer umgestaltet werden? Wie ließe sich fairer regeln, wer sich um die vollen Mülleimer kümmert?

Familienkonferenzen – also Gespräche, in denen alle Familienmitglieder gehört werden, um Probleme zu lösen – sind schon lange das empfohlene Mittel dafür, und jetzt ist dein Kind in dem Alter, in dem es sich wirklich mit dir und dem Rest der Familie beraten kann.

Dazu solltet ihr euch anfangs sehr regelmäßig möglichst einmal pro Woche mit ausreichend Zeit treffen. Dann darf jeder alle Probleme benennen, die er oder sie in der Familie wahrnimmt. Und gemeinsam sucht ihr nach Lösungen und Vorschlägen für neue Regelungen. Die dürfen ruhig auch kreativ und abwegig sein. Alles hat Raum. Wichtig ist, dass alle mitreden dürfen und jeder mal einen Kompromiss eingehen muss.

Das ist Eltern-Kind-Beziehung auf Augenhöhe. Dein Kind lernt Kompromissfindung und kann das auch in Kontakten mit Gleichaltrigen anwenden. Ich bin sicher, du wirst bald immer mal wieder stolz einer hitzigen Kinderdiskussion lauschen, in der dein Kind plötzlich bewältigungskräftig Sätze sagt wie: *„Du musst aber auch einen Schritt auf mich zugehen.“*

Du ermutigst und lässt Raum für Mitbestimmung.

TASCHENGELD

Du bist nicht verpflichtet, deinem Kind Taschengeld zu zahlen. Familien handhaben das sehr unterschiedlich, je nach finanziellen Möglichkeiten, aber auch nach Haltung. Mit Blick auf die Selbstständigkeitsentwicklung deines Kindes möchte ich dir raten, ihm spätestens ab der Einschulung ein kleines Budget zur Verfügung zu stellen. So kann es lernen, auf etwas zu sparen und dessen Wert zu verstehen. Das Taschengeld sollte ihm zur freien Verfügung stehen, auch wenn dir das Gekaufte so gar nicht passt, und einmal wöchentlich gezahlt werden, denn diese Zeitspanne kann dein Kind jetzt gut überblicken und planen.

Mehr Pflichten

Die andere Seite der Medaille, neben den neuen Rechten, sind die neuen Verpflichtungen. Die machen nicht immer beste Laune. Das geht uns Großen ja auch nicht anders. Wichtig ist, dein Kind nicht davor zu schützen. Nimmst du deinem Kind immer alles ab und vermeidest Unmut und Frust bei ihm, mag das im ersten Moment angenehm wirken, aber das hat zwei entscheidende Nachteile:

- Zunächst wirkt es für dich angenehmer, weil es keine Konflikte gibt. Aber du gehst damit wahrscheinlich ständig über deine Kräfte.
- Dein Kind lernt ohne Frustration nicht, wie es damit umgehen kann. Du tust ihm also nur oberflächlich betrachtet etwas Gutes, langfristig gesehen auf keinen Fall.

Also trau dich, ihm Pflichten zuzumuten.

Zugewandtes Zumuten

Das Besondere an der beziehungsorientierten Erziehung und Begleitung von Kindern ist der nicht zu strenge und nicht zu enge Weg, von dem ich dir schon berichtet habe. „Zugewandtes Zumuten" nenne ich diesen Mittelweg: Du sorgst mit einem kleinen Schubser dafür, dass dein Kind über sich hinauswachsen kann, mutest ihm eine Herausforderung zu. Dabei bleibst du aber zugewandt und liebevoll.

Nicht förderlich ist es, wenn Eltern nur einen Teil davon leben: Zumuten ohne Zugewandtheit ist Kontrolle, Zwang, Überforderung, Alleinlassen. Und Zugewandtheit ohne Zumuten ist Konfliktscheue, überbordende Fürsorge und ständiges Übernehmen für das Kind.

Die Schulpflicht ist die eine neue Pflicht, im Haushalt beziehungsweise allgemein im Familienleben zu helfen, ist ein großer anderer Bereich, den dein Kind als Pflicht erleben sollte. Fühlt sich das für dein Kind nicht wieder nach noch mehr Fremdbestimmung an? Das kann sein. Aber mitanzupacken kann sich auch danach anfühlen, wichtig zu sein, Teil des Ganzen.

Wie geht das? Egal wie früh du damit gestartet hast, dein Kind seinen Teller nach dem Essen wegräumen zu lassen, die Diskussionen um die Mithilfe im Haushalt kommen in der Regel bei allen Grundschulkindern irgendwann. **Versuch, dein Kind in dein Team zu holen**, damit es dauerhaft zum eher nörgelfreien Helfer oder einer Helferin wird:

- Was möchte dein Kind gern übernehmen? Wie kann es daran erinnert werden?
- Welche Aufgaben sind nicht nur nervig, sondern auch spannend?
- Welche Jobs brauchen immer mal Wechsel, weil keiner sie richtig gerne macht?
- Bei welchen Jobs solltest du unterstützen, weil die Arbeit gemeinsam leichter fällt?
- Fordere dein Kind nicht auf, irgendetwas allein zu tun, sondern macht es gemeinsam. Dann fällt es leichter. – *„Wir müssen noch den Sperrmüll raustragen. Bitte nimm die kleinen, leichten Sachen mit. Ich trage die großen Kisten."*

- Sei nicht zu eng in deinen Formulierungen, aber auch nicht zu weit: Du kannst zwei Möglichkeiten anbieten und deinem Kind dabei die Wahl lassen. – *„Ich habe die Betten abgezogen. Deines muss bis zum Schlafengehen wieder bezogen sein. Du kannst es jetzt machen oder vor dem Abendessen. (Ich helfe auch gern.)“*
- Nimm dir anfangs Zeit. Dein Kind wird vieles erst einmal langsamer und weniger akkurat erledigen als du. Das solltest du aushalten können und auch nicht immer alles korrigieren.
- Such nach guten Hilfsmitteln, mit denen dein Kind leichter helfen kann: eine Altpapierkiste, die es gut draußen zur Tonne tragen kann, ein Gemüseschäler, der gut in der Kinderhand liegt, verschiedene Ablagefächer, die das Sortieren leichter machen.
- Nutzt ein grundlegendes Gespräch und auch einen Wandplaner, um Pflichten zu verteilen und festzuhalten, wer was wann macht. Teile die Aufgaben nicht einfach zu, sondern findet die Regelungen gemeinsam.

Leicht gerätst du in Versuchung, dein Kind für Pflichterfüllung zu belohnen. Geld fürs Abtrocknen, Fernsehzeit fürs Müllrausbringen? Das kann ich dir nicht empfehlen. Alle von euch erledigen die Aufgaben zu Hause für die Familie. Alle sollten mitanpacken nach seinen Möglichkeiten. Lohn ist es, dass jeder etwas weniger zu tun hat, wenn alle mitmachen. Lohn ist auch deine wertschätzende Äußerung über die Mitarbeit. Oder dass ihr danach gemeinsame Zeit verbringen könnt und du länger vorlesen kannst. Sprich darüber immer wieder mit deinem Kind und du darfst auch aufzählen, was du für dein Kind übernimmst.

Du hilfst deinem Kind dabei,
den Sinn von Pflichten zu begreifen.

EIGENE PROJEKTE

Es tut deinem Kind gut, wenn es ein ganzes Projekt allein stemmen darf. Dann erlebt es sich als wertvoll und kompetent.

- Opas Geburtstag planen: Was wird geschenkt? Was wird gebacken? Was muss besorgt werden? Wie soll der Tisch dekoriert werden?
- Ein Vogelhaus mit dir bauen: Wo bekommt ihr eine Anleitung her? Was benötigt ihr für Material? Wo kann man das kaufen? Wann passt das Bauen in den Kalender?
- Wochenendausflug organisieren: Was wäre ein spannendes Ziel? Kostet das was? Wann fährt man am besten und wie kommt ihr hin? Was müsst ihr einpacken? Was muss noch besorgt werden? Lässt sich der Plan bei jedem Wetter umsetzen?

Mehr Verantwortung

Dein Kind muss nicht nur neue Pflichten übernehmen, sondern hat dabei in vielem auch viel mehr Verantwortung als früher. Es kann sie nicht allein tragen, aber gib einiges davon ab. Und zwar wieder als Hilfe zur Selbsthilfe:

- Macht es die Hausaufgaben? Wann? – Du kannst für ein praktisches Hausaufgabenheft sorgen und mit deinem Kind wie im Kapitel „Neue (Frei-)Zeiten“ ab S. 195 besprechen, wie es seine Tage planen möchte. Aber erinnere es nicht zwölfmal. Dein Kind darf zur Not auch mal auf die Nase fallen, sodass ihr beide dann mit der Schule ins Gespräch gehen müsst und dein Kind spüren kann, dass es die Verpflichtung nicht dir gegenüber hat, sondern der Schule gegenüber.
- Geht es rechtzeitig los? – Du kannst für Erinnerungen wie Kalender und Uhr mit Alarm sorgen, aber auch hier darf dein Kind spüren, was passiert, wenn es zu einer Verabredung zu spät kommt.

- Denkt es an seine Freundin, die sich so sehr eine Verabredung wünscht? Kümmert es sich um seinen kranken Freund? Zeigt es dir die Geburtstagseinladung, damit ihr ein Geschenk besorgen könnt? Erzählt es früh genug vom Sachkundetest, damit es mit dir überlegen kann, wann und was es üben sollte? – Erinnere nicht an die Sache selbst, sondern an die Erinnerungshilfe.

Du merkst, dass du Hilfsmittel anbieten und ansprechen solltest, aber danach wird das ein Weg, auf dem dein Kind meist zwei Schritte vor- und dann wieder einen zurückgeht. Es übernimmt Verantwortung, es kommt klar, und dann scheitert es auch wieder und du bist erneut gefragt – allerdings nur als Begleitung.

Wie geht das? Schimpfe nicht, aber reiß auch nicht sofort wieder alles an dich. Nicht zu streng und nicht zu eng. Schaut stattdessen zusammen hin, wo dein Kind noch mit der Verantwortung überfordert war und warum. Was würde ihm helfen? Inwieweit solltest du wieder etwas mehr Mitverantwortung übernehmen? Und an welcher Stelle sollte dein Kind ein wenig mehr Motivation zeigen?

Du merkst, es geht nicht nur um Verantwortung. Es geht auch um **Selbstorganisation, Arbeitshaltung und Motivation**. Die gehören zu den neuen Pflichten und der neuen Verantwortung dazu. Auch in diesen Bereichen kannst du dein Kind unterstützen.

Unterschätze nicht deine Bedeutung als Vorbild. Wie organisiert und motiviert bist du denn? Fällt dir das schwer? Bist du verlässlich? Gerade das ist ein ganz wichtiger Punkt, damit dein Kind motiviert sein kann.

Ihr könntet beziehungsstark zusammen schauen, wer von euch wie besser werden kann in Sachen Organisation. Was würde helfen, damit du nicht ständig beim Einkaufen etwas vergisst oder die Verabredungen mit deiner Freundin verbummelst? Und was würde helfen, damit dein Kind nicht immer erst um 20:53 Uhr an die Mathehausaufgabe denkt oder vergisst, vom Läusealarm in der Klasse zu erzählen? Seufzt du genervt bei jeder lästigen Aufgabe? Suchst du schnell bei anderen die Schuld, wenn dir etwas misslungen ist?

Versteh Probleme bei der **Motivation**. Dein Kind kann nur motiviert sein, wenn es die Pflichten erfüllen **kann**, also nicht überfordert ist, und sie erfüllen **will**, also innerlich echt verstanden hat, dass sie Sinn ergeben.

- Du merkst, wenn dein Kind nicht **kann**, weil ständig etwas misslingt. Dann ist es überfordert und es braucht, wie oben beschrieben, mehr Begleitung durch dich. Hilf beim Strukturieren.
- Vielleicht **kann** dein Kind auch nicht, weil seine Konzentrationsfähigkeit noch nicht ausreicht. Hier helfen Materialien wie erinnernde Bilder für bestimmte Abläufe, Kalender oder auch ein aufgeräumter Arbeitsplatz. Hilf bei einer guten Routine.
- Eventuell **kann** dein Kind auch nicht, weil es sich an einer wichtigen Stelle nicht gesehen fühlt. Es kann nur mit dir kooperieren und motiviert mitmachen, wenn es ihm gutgeht und keines seiner Bedürfnisse dauerhaft missachtet wird: Ist es gesund? Erfährt es Liebe? Hat es Freundschaften? Erlebt es euer Zuhause als harmonisch? Fühlt es sich in der Schule recht wohl? Sollte es an einem der Punkte haken, geh den zuerst an, bevor du dir weiter Gedanken darüber machst, warum dein Kind sich ständig unkooperativ zeigt.
- Und möglicherweise **kann** dein Kind auch noch nicht so viel Verantwortung übernehmen, weil es noch nicht gut verstanden hat, wie es tickt. Das ist nicht nur für die Schule wichtig. Kommt es besser zurecht, wenn es seine Pflichten aufzeichnet und -schreibt? Behält es mehr, wenn es an seine Verantwortung mündlich oder mit einer „sprechenden“ App erinnert wird? Hilft es ihm, wenn es Verpflichtungen immer wieder mit dir durchspricht? Das ist bei jedem Menschen unterschiedlich. Wie siehst du dein Kind? Wie sieht es sich selbst? Hilf deinem Kind, das Beste aus sich rauszuholen, indem es sich gut versteht.

LERNWEGE

Weißt du schon, auf welche Art dein Kind am besten lernen kann: Wenn es Inhalte hört, sieht, ausführt oder mit dir darüber spricht? Das ist von Kind zu Kind nämlich sehr unterschiedlich. Im Netz findest du verschiedene Tests dazu, aber du kannst das auch allein abklopfen. Such ein Sachthema aus, das dein Kind sehr interessiert, zum Beispiel Fische oder Fahrzeuge, und dann erarbeite mit ihm verschiedene neue Informationen dazu mal vorlesend, mal mit einem Film, mal, indem es selbst etwas nachbaut, und mal im Gespräch mit dir. Was ist dein Eindruck, welche Inhalte dein Kind am besten behalten konnte? Welchen Eindruck hat dein Kind?

Könnt ihr seinen besten Lernweg mehr in den Alltag einbauen, wenn du ihm bei Hausaufgaben oder dem Lernen für Tests hilfst?

Du merkst, dass dein Kind nicht **will**, wenn es ständig alle Pflichten hinterfragt. Dann hat es noch nicht verstanden, wofür es sie erfüllen soll. Fehlt der Wille, greifst du spontan eventuell zu Strafen und Belohnung. Kein Wunder, denn das ist an allen Ecken und Enden in unserer Gesellschaft üblich: Punktesammeln für zahnärztliche Vorsorge, Strafpunkte für Verkehrsdelikte, Sternchen für gutes Benehmen im Klassenraum. Leider ist das nicht nachhaltig. Wenn du weißt, niemand prüft wirklich, ob du dich im Auto anschnallst, und dazu nicht verstanden hast, dass du den Gurt benutzt, um dich zu schützen und auch deine Lieben nicht mit einem schlimmen Unfall zu belasten, wirst du dich eher nicht anschnallen, selbst wenn du vor acht Jahren mal ein Strafgeld bezahlen musstest.

STRAFEN

Strafen machen Angst oder Stress und Wut. Nachhaltiges Lernen und Verstehen fördern sie nicht. Dafür ist immer Beziehung notwendig und auch Zeit. Im guten Gespräch, das auch zeitversetzt nach einem Streit stattfinden darf, kannst du deinem Kind zurückmelden, was du Positives an ihm wahrnimmst und was du nicht richtig findest. Du kannst nach Ursachen forschen und mit ihm gemeinsam Lösungen suchen. Ihr könnt Veränderungen miteinander vereinbaren, anstatt dass du „Gesetze erlässt". Und du kannst deinem Kind ganz persönliche Konsequenzen seines Handelns vor Augen führen: *„Wenn wir so lange diskutieren, bis du die Hausaufgabe wenigstens versuchst, fehlt mir die Zeit, in Ruhe etwas Schönes mit dir zu machen. Ich möchte so gern, dass das anders wird, und ich glaube du auch. Was können wir tun?"* Das ist so viel langanhaltender und sinnvoller als ein Fernsehverbot.

Hilf deinem Kind zu begreifen, warum es gut ist, seine Verpflichtungen wahrzunehmen. Das ist wichtiger und hilfreicher als Strafen. Verknüpfe die Pflichten dabei ganz eng mit seinem Erleben und seinen Mitmenschen:

- Was ist gut daran, die Hausaufgabe zu erledigen und wo wird ihm dieses Wissen helfen? Wie schön ist es für die Freundin, wenn sie angerufen wird? Wie wichtig ist es, schmutziges Geschirr nicht hinter dem Sofa vergammeln zu lassen? Wie gut ist es, pünktlich im Musikkurs anzukommen? Wie fühlt sich der Freund, wenn er ein liebevoll ausgesuchtes Geburtstagsgeschenk bekommt?
- Frag auch nach, was genau dein Kind davon abhält, seinen Pflichten nachzukommen. Spielen die Freunde schon draußen auf der Straße? Stinkt die Mülltüte immer so? Ist der Vater seines Freundes so nervig, dass er ihn ungern anrufen mag? Wenn ihr die Gründe entdeckt, könnt ihr auch nach Lösungen suchen. Sind es zu viele

Pflichten hintereinander weg? Lässt sich der Tagesplan nochmal verändern oder lassen sich schöne Dinge dazwischenschieben? Wirken einzelne Verpflichtungen wie ein riesiger Berg? Dann zeig deinem Kind, wie kleine Schritte dabei aussehen.

- Und frag dein Kind, wann es ihm besonders leichtfällt, an seine Pflichten zu denken und sie auch zu erledigen? Wann fällt es dir selbst leichter?

Schaut euch alles mal ein bisschen genauer an. So kann dein Kind wirklich lernen, mit Verpflichtungen und Verantwortung umzugehen. Hilfreich ist auch hier wieder eine positive Fehlerkultur, also ein guter Umgang damit, wenn deinem Kind eine Pflicht schwerfällt, es sie nicht gut umgesetzt oder gar vergessen hat: nicht schimpfen, sondern anschauen, den Fehler verstehen und etwas für die Zukunft verändern. „*Was hast du aus dem Fehler gelernt?*" So bist du mit deinem Kind gut in Beziehung.

Du hilfst deinem Kind, den Sinn hinter seinen Verpflichtungen zu verstehen und in kleinen Schritten Verantwortung zu übernehmen.

MOTIVATION DURCH ENTLASTUNG

Wie schaffst du es, bei einer lästigen Sache am Ball zu bleiben? Vielleicht indem ein Kollege im Job dir eine Teilaufgabe abnimmt oder deine Cousine dir zu Hause ein wenig unter die Arme greift? Mach es genauso mit deinem Kind: Zeige ihm, dass du es ein wenig entlastest, wenn es dafür die ganze Pflicht angeht. Du klebst die Zettel für den Sachkundeunterricht ein, während es den langen Text liest. Du suchst die Öffnungszeiten von der Stadtbücherei heraus, wenn dein Kind sich telefonisch darum bemüht, mit seinem Freund zu vereinbaren, wann sie dorthin können. Du fummelst den neuen Müllbeutel in den Küchenschrank, wenn dein Kind den vollen Sack nach draußen trägt.

Lernunlust: „Schule und Hausaufgaben sind so langweilig!"

Jedes Kind, das geboren wird, bringt Lernlust mit. Sonst würde ja keines hartnäckig dranbleiben, bis es endlich laufen kann, oder dich beständig mit Fragen löchern, um die Welt zu verstehen. Leider bleibt die Lernlust nach der Einschulung nicht immer so stark, weil die schulischen Inhalte nicht jedes Kind begeistern. Lernen ist abhängig von Motivation, von der Beziehung zur Lehrperson und dem eigenen Umgang mit Stress.

Kinder können sehr viel im Alltag und im Spiel lernen. Das, was im Lehrplan der Grundschule steht, ist nicht alles so einfach nebenbei vermittelbar. Möglicherweise wird dein Kind immer mal wieder sagen, dass ihm alles zu schwer ist oder zu langweilig, und dass es eigentlich lieber zurück in den Kindergarten will. Gerade Hausaufgaben, lange Texte zum Lesen oder bevorstehende Tests können Lernunlust ankurbeln. Dein Kind benötigt von dir Hilfe dabei, neugierig und offen zu bleiben.

Wie geht das? Der Langeweile begegnet ihr am besten, indem dein Kind mehr Sinn im Lernen sieht und übt, mit Unlust zurechtzukommen:

- Motivation entsteht, wenn dein Kind begreift, wofür es etwas tut und das Neue gut mit schon Bekanntem verknüpfen kann. Geht diesen Fragen gemeinsam auf den Grund. Wobei hilft das Lesen, Rechnen, Schreiben? Beim Kinobesuch, beim Wunschzettel für den Geburtstag, beim Planen der eigenen Geburtstagsfeier, beim Sparen auf einen Wunsch – was fällt euch noch ein?
- Lernlust entsteht auch leichter, wenn du dein Kind immer wieder begleitest. Dazu kannst du bei ihm sitzen, wenn es arbeitet, Nachfragen stellen oder auch mal sagen, dass du etwas auch nicht verstehst oder langweilig findest, aber ihr euch zusammen durchbeißt.
- Wenn etwas besonders schwerfällt, kannst du überlegen, an welcher Stelle dein Kind ein wenig Entlastung spüren darf, damit der Rest schaffbar bleibt: Kannst du eine Notiz an die Lehrkraft schreiben, dass nur eine von zwei Aufgaben erledigt sind? Kannst du deinem Kind zwischendurch eine Fußmassage oder ein Spiel anbieten? Hast du auch eine unangenehme Aufgabe, die du nebendran erledigen kannst? Darf dein Kind die Aufgabe mal ganz anders erledigen als sonst: mit grünem Stift, kopfüber vom Sofa liegend, in der Eisdiele?
- Nutzt motivierende Lernapps oder auch Lernhilfevideos auf YouTube. Inzwischen gibt es zahlreiche Kanäle, die wirklich guten Input bieten. Testet ein paar aus. Dein Kind wird sicher seine Lieblingsonlinelehrkraft finden.
- Achte auf deine Sprache. Dein Kind braucht keine Vorwürfe, sondern Mitgefühl, aber auch Zutrauen: *„Ich weiß, dass das anstrengend ist. Ich glaube aber, zumindest das kleine bisschen kannst du schaffen und wirst dich danach richtig stolz fühlen.“*
- Bezieh dein Kind mit ein. Löse den Frust nicht allein. *„Welche Idee hast du denn? Wie viel könntest du schaffen? Wann magst du heute am liebsten arbeiten? Was brauchst du dafür?“* Es geht ja immer noch um Bewältigungskraft.

Du siehst, es ist viel wichtiger, dass dein Kind Neugier, Sinn und Beziehung spürt als Notendruck, Kritik und Strafen. Letzteres sorgt maximal für kurzzeitige Motivation. Auch Unperfektes sollte kein Problem sein: Lässt du dein Kind eine Reihe von schiefen Buchstaben wieder ausradieren, wird das nicht gerade seine Motivation steigern. Besser ist, wenn es schafft, noch einmal ein geraderes „h" zu schreiben. Das Gleiche gilt für Noten: Eine Schimpftirade bei einer 4 oder 5 treibt keine Motivation in die Höhe. Trost, Verständnis und gemeinsames Anschauen der Schwierigkeiten können das allerdings bewirken.

Freut euch über Geschafftes, anstatt nur das Misslungene zu sehen. *„Was hat nicht geklappt – was aber doch?"* Wenn du neu anfängst zu joggen, blickst du auch lieber auf deinen Tracker, der dir immerhin 2,7 gerannte Kilometer anzeigt, statt dich mit dem Gedanken zu demotivieren, dass ein Marathon ja mehr als 42 km umfasst.

Neben der Aufgabe, innere Motivation in deinem Kind zu stärken, ist es auch wichtig, bei fehlender Motivation hinzuschauen, ob es gute Gründe für die Unlust gibt: Mobbing, Bewertungsängste oder auch Teilleistungsstörungen wie Rechtschreib- oder Rechenschwäche können ursächlich dafür sein, dass dein Kind dichtmacht oder auch cool tönt: *„Ich mag diesen ganzen Kram nicht."* Deine Aufgabe ist, genauer nachzufragen, hinzuhören, Gründe herauszufinden oder auszuschließen. Schau dazu nochmal in das Kapitel „Neue Gesprächsführung" ab S. 117.

FÜR TESTS LERNEN

Manchmal hältst du die nächste Wissensüberprüfung für wichtiger als dein Kind es tut. Nimm den Druck raus und frag, ob es Hilfe möchte, bevor du gleich vier Nachmittage minutiös verplanst. Will es deine Begleitung, dann lass dir erklären, was im Test drankommen wird. Das ist oft schon das halbe Lernen. Will es deine Begleitung nicht, beobachte, wie das läuft. Sinken die Noten in den Keller, kannst du Begleitung wieder klarer bestimmen.

An einem Tag eine riesige Menge zu bewältigen oder gar abends nach dem Sportkurs nochmal an den Schreibtisch zu gehen, hat fast nie viel Sinn. Meist sorgt so etwas eher für Stress und Frust, als dass irgendein Inhalt hängen bleibt. Dann habt lieber mal Mut zur Lücke und überlegt fürs nächste Mal einen besseren Plan.

Um Neugier zu erhalten, ist es auch wichtig, dass du auf die Lernwünsche deines Kindes eingehst. Sind Mathe und Deutsch gerade echt uninteressant und ein ziemlicher Kampf, gibt es sicher etwas anderes, was dein Kind begeistert, also begeistere dich mit. Finde heraus, ob es rund um dieses Thema etwas zu lesen, zu rechnen oder zu erforschen gibt. Das kann deinem Kind in den anderen Bereichen wieder Antrieb geben.

HANDSCHRIFT

Beziehungsstress in der Verbindung zu deinem Kind wegen einer krakeligen Handschrift? Wenn ihr an solche Punkte geratet, empfehle ich dir, immer gut hinzuschauen, ob der Streit es wert ist. Wie wichtig ist die Handschrift in der Grundschule? Wie viel kannst du erreichen, wenn du beharrlich darauf bestehst, dass dein genervtes Kind daran arbeitet? Wie gut lernt jemand mit Unlust und Stress? Such dir deine Kämpfe gut aus. Bei welchen Themen hat es wirklich Sinn, am Ball zu bleiben und längere Konflikte in Kauf zu nehmen?

Leseunlust: „Das Buch ist doof!"

Manche Kinder verlieren sich richtig in Büchern, sobald sie lesen können, andere finden leider gar keinen Zugang zur Lesewelt. Gehört deines dazu, hasst jede Leseübung, würde nie ohne dich in ein Buch gucken und ist genervt von jeder Textaufgabe, weil es plötzlich auch noch in Mathe lesen soll? Das ist nicht ungewöhnlich, aber anstrengend, denn ohne Lesen geht es nicht. Du kannst Hilfestellungen geben.

Wie geht das? Baut Lesen in den Alltag ein: Einkaufszettel, Gebrauchsanweisung, Dosierungsempfehlung, Produktdaten, Schilder – überall ist viel Text zu entdecken und wenn ihr euch abwechselt oder dein Kind einen triftigen Grund hat, etwas selbst entziffern zu wollen, steigt die Motivation dazu. Außerdem kannst du ...

- kleine Rätsel überlegen und aufschreiben, die dein Kind lösen muss, um herauszufinden, wo der Nachtisch versteckt ist oder wohin der nächste Ausflug geht.
- mit deinem Kind „Huckepack lesen": Wechselt euch ab und lass dein Kind vorher überlegen, welche Abschnittsgrößen fair sind.
- zu Hause eine besonders schöne Leseecke schaffen, die extragemütlich ist und bei der du alle paar Tage die bereitliegenden Bücher ein bisschen austauschst.
- deinem Kind zeigen, welches Wort es nun schon besser lesen kann oder welches Lieblingsbuch schon etwas schneller. Manchmal merkst du das von allein, aber du kannst mit Erlaubnis deines Kindes auch eine Filmaufnahme per Handy machen und ihr vergleicht sie jeden Monat.
- eine andere gute Bezugsperson bitten, das Lesenüben ein wenig zu übernehmen. Denn wie bei der Nachhilfe plötzlich endlose Diskussionen um die Menge der Übungsaufgaben wegfallen, kann es auch beim Lesen hilfreich sein, wenn nicht du ständig die begleitende Person bist.

Außerdem darfst du dich in Gelassenheit üben. Wenn dein Kind kleine Fortschritte macht, ist das prima. Lass dich nicht nervös machen, weil andere aus der Klasse schon den vierten Band der angesagten Kinderkrimireihe lesen.

Konzentration: „Und dann fällt mir immer was anderes ein!"

Wie gut kannst du dich konzentrieren, wenn du in einer Fortbildung sitzt? Wie verändert sich das, wenn dich das Thema nicht sonderlich interessiert und vorm Fenster des Seminarraums etwas Spannendes passiert? Da wird es schwierig mit dem Konzentrieren. Dein Kind ist noch klein und soll dennoch recht beständig viel Konzentration zeigen. Das ist zu viel verlangt. 20 Minuten am Stück sind zu Beginn der Grundschulzeit das Maximum (auch zu Hause). Zum Glück muss bei uns heute kein Grundschulkind mehr sechs Stunden lang einem Frontalunterricht lauschen. Mitmachen, bewegen, Arbeitsmethoden – das alles gehört mittlerweile zum Unterrichtsalltag dazu. Vielleicht benötigt dein Kind aber noch mehr Unterstützung, als es die Lehrkraft vorsieht. Dann kannst du ihm helfen.

Wie geht das? Schau zu Hause mit deinem Kind, was seine Konzentration stärken kann, damit es rund um Schule bewältigungskräftiger wird:

- Kann es einen Block mit in die Schule nehmen und beim Zuhören kritzeln? Viele Erwachsene machen das beim Telefonieren oder in Konferenzen. Besprich das mit der Lehrkraft, wenn es deinem Kind hilft. *„Ava malt im Unterricht!"* sollte heute wirklich kein Kritikpunkt mehr sein, wenn ein Kind dabei gut zuhören kann.
- Kann dein Kind anders sitzen? Hilft ihm ein Platz an der Wand oder weiter vorn? Hilft es ihm, wenn es auf einem Ballsitzkissen sitzen kann – oder aber seine Füße am Boden daraufstellen und bewegen darf?
- Braucht dein Kind noch mehr Bewegung? Manche Schulen lassen sich darauf ein, dass Kinder signalisieren dürfen, wenn sie zappelig

werden, und sie dann auf einer festgelegten Strecke außerhalb des Klassenraums einmal rundlaufen können. Frag in der Schule nach und gib nicht gleich bei den ersten Bedenken auf.

- Braucht dein Kind Geräuschschutz? Lärmschutzkopfhörer stehen heute schon in vielen Klassen zur Verfügung. Alternativ könnt ihr eigene anschaffen. Vielleicht reicht es deinem Kind aber auch, wenn es sich mit der Kapuze seines Shirts oder Pullis etwas Schutzraum verschaffen darf.
- Kann dein Kind zu Hause insgesamt ohne viele Unterbrechungen arbeiten, oder gibt es ständig piepsende Geräte, klingelnde Türglocken, ein nöliges Baby? Fragst du ständig dazwischen, wann denn nun der Ausflug stattfindet und ob dein Kind abends Spaghetti essen möchte? Beobachte mal, wie herausfordernd das Konzentrieren bei euch zu Hause ist, und überlege, was davon ihr ändern könnt.
- Hilft es deinem Kind, wenn es seine Unruhe merkt, der Lehrkraft bewusst in die Augen zu schauen? Oder mit der einen Hand seine andere zu fassen? Bewusst auf seine Armbanduhr zu schauen und sich die Zeit bis zum Schulschluss deutlich zu machen? Oder auch, sich selbst in die Oberschenkel zu kneifen? Findet ihr eine Methode, mit der es sich selbst wieder mehr in den Moment zurückholen kann? Das ist Aufmerksamkeitslenkung plus Stressregulation. Die fällt auch dir manchmal schwer, aber gemeinsam könnt ihr daran arbeiten, diese Fähigkeit zu verbessern.

Bekommst du aus der Schule ständig die Rückmeldung, dass dein Kind große Konzentrationsprobleme hat, lohnt sich ein genaueres Hinsehen. Es muss nicht gleich AD(H)S, also eine Aufmerksamkeitsdefizit- und/oder Hyperaktivitätsstörung, dahinterstecken. Manchmal sind es nur Über- oder Unterempfindlichkeiten seiner Sinne oder aber eine verzögerte Wahrnehmungsentwicklung. Ein Kind, das beispielsweise ein überempfindliches Gehör hat, kann sich schwer konzentrieren, wenn es jedes Atmen, Klackern und Husten viel intensiver wahrnimmt als andere. Diesen Bereich kann eine ergotherapeutische Diagnostik gut einschätzen und dir gute Hilfestellungen an die Hand geben.

Schau dir die Rückmeldung „ständiges Stören“ immer genauer an. Oft will ein Kind nämlich nicht stören, sondern tut alles, um sich wie gewünscht zu konzentrieren, lebt aber seine innerliche Unruhe dafür deutlich aus. Vielleicht klappert dein Kind immer mit dem Stift auf den Tisch, zieht die Hausschuhe an und aus oder wibbelt auf seinen Pobacken hin und her. Die Außenstehenden sehen ein Stören, dabei ist da keine böse Absicht und ein einfaches *„Lass das!“* hilft kein bisschen weiter. Stattdessen muss dein Kind erfahren, wie es seine Konzentration am Laufen halten kann, ohne andere zu irritieren. Denk an das Ballsitzkissen aus der Aufzählung auf der vorherigen Doppelseite oder schau nach Knete, Schmuck oder Schreibwaren, an denen ein Kind geräuschlos fummeln könnte.

Manchmal benötigt ein Grundschulkind auch einfach nur mehr greifbare Klarheit bei den Aufgaben: Deinem Kind könnte beispielsweise eine Sanduhr helfen, ein gutes Gefühl dafür zu haben, wie lange es noch arbeiten muss, wenn es eine zeitliche Vereinbarung gibt. Diese klitzekleine Visualisierung hilft oft dabei, dass der To-do-Berg sich nicht unschaffbar groß anfühlt.

DAS GROSSE GANZE SEHEN

Wenn du die Steuererklärung machen musst, fängst du dann sofort an? Vermutlich nicht. Du lässt Wochen ins Land ziehen und wenn der Tag gekommen ist, willst du erst deinen Schreibtisch aufräumen, Kaffee kochen, den Locher ausleeren und deinen Lieblingskuli suchen, bevor du dich konzentriert dransetzen kannst.

Alle haben ihre Rituale, eine Art Grundform, wie er oder sie ins Arbeiten kommt. Dazu gehören oft kleine Handlungen, die eigentlich nichts mit der zu erledigenden Aufgabe zu tun haben, anscheinend Quatsch sind. Das geht dir so und deinem Kind auch. Findet das mal gemeinsam heraus und dann lass deinem Kind auf jeden Fall Platz für seine Vorab-Rituale.

Selbstorganisation: „Wo ist mein Geodreieck?"

Grundschuleltern sind in der Regel auch Sachensucher. Im Kindergarten gab es nicht so viel Material, um das jemand sich kümmern musste, und meist war es auch nicht das Kind, das Matschhose und Gummistiefel im Blick hatte. Mit der Einschulung ändert sich das: Stifte, Schere, Kleber, Lineal, jeden Tag andere Hefte oder Mappen, Turnschuhe, für Kunst noch Bastelpappe und für Sachkunde Tannennadeln ... Das ist ganz schön viel. Und mit dem Tag der Einschulung macht es leider nicht klick und dein Kind kann sich allein um alles kümmern. Auch nach einem beliebigen Zeitraum („*Jetzt habe ich dir schon vier Wochen lang geholfen, nun muss es aber allein klappen!*") wird dein Kind immer mal wieder oder auch häufiger etwas vergessen. Dein Kind braucht Hilfe zur Selbsthilfe und Begleitung, auch nach der Grundschulzeit noch.

Wie geht das? Zum einen ist es wichtig, dass du dich mit dem Gedanken anfreundest, dass dieser Bereich noch nicht so läuft. Umso geringer wird dein Frust sein, wenn wieder etwas schiefgelaufen ist. Das dritte Geodreieck in fünf Monaten ist bei einigen das Lehrgeld, das fällig wird. Zum anderen braucht dein Kind von dir auch an dieser Stelle wieder Hilfe zur Selbsthilfe: Welche Organisationssysteme, welche kleinen Erinnerer können dazu beitragen, dass dein Kind weniger vergisst und sich bewältigungskräftiger erlebt? Ein Plakat, auf dem aufgezeichnet ist, in welchen Schritten der Ranzen gepackt werden muss? Ein Schlüsselanhänger in Häuschenform am Federmäppchen, der daran erinnert, die Hausaufgaben am Ende des Schultages von der Tafel abzuschreiben? Ein Wecker im Esszimmer, der jeden Tag um 17 Uhr daran erinnert, was zu prüfen oder einzupacken ist? Erwarte nicht, dass dein Kind das rasch ohne dich hinbekommt. Diese Unterstützung zur Selbstorganisation wirst du wahrscheinlich noch eine ganze Weile geben müssen.

Melde deinem Kind auch zurück, an welchen Stellen du seine gute Selbstorganisation erkennst. Die Bereiche, für die es sich sehr interessiert, wird es nämlich schon ganz gut im Griff haben: *„Welche Sammelkarten fehlen noch? Wann kommt die neue Folge des Lieblingshörspiels heraus?"*

Lernlücken: „Ich bin so oft krank!"

Wie häufig Schulkinder krank werden, ist ganz unterschiedlich. Viele haben die meisten heftigen Infekte im Kindergarten durchgemacht und kommen jetzt recht gesund durch diese Zeit. Sie können nun auch mal mit einer Erkältung in die Schule gehen, weil sie anders als vorher dazu imstande sind, sich die Nase zu putzen oder in die Armbeuge zu husten. Doch es kann passieren, dass dein Kind immer mal wieder von Krankheiten gebeutelt wird. Dann braucht es nicht nur Betreuung zu Hause, sondern auch Unterstützung, um beim Lernen am Ball bleiben zu können.

Wie geht das? Auch hier gilt erst einmal wieder: Druck raus. Erkrankung ist keine Straftat und keine Bosheit. Wenn dein krankes Kind platt auf dem Sofa liegt, kann es keine Hausaufgaben erledigen, und das ist vollkommen in Ordnung.

Falls die Erkrankung lange andauerte, kann es auch nicht alles aus der Zeit am nächsten Wochenende nach der Genesung abarbeiten. Das wäre nur Fleißarbeit, aber es käme nicht viel in seinem Kopf an. Die Verantwortung liegt dann auch bei der Schule. Bitte um Nachsicht und Unterstützung. Was sind die wichtigsten Inhalte? Was dürft ihr außer Acht lassen beim Nacharbeiten?

HAUSAUFGABENPARTNER UND -PARTNERINNEN

Viele Klassen organisieren selbst ein Netz von Hausaufgabenpartnerschaften. Ist Kind A krank, liefert Kind B ihm automatisch alle Arbeitsaufträge und -blätter und umgekehrt. Ist das in der Klasse deines Kindes nicht so, sprich die Eltern einer nahewohnenden Familie an und organisiert das Team selbst. Wichtig ist, nicht einfach nur das Kind anzusprechen, denn der Mitschüler oder die Mitschülerin deines Kindes benötigt möglicherweise elterliche Unterstützung bei diesem Job, um nicht überfordert zu sein.

Messengergruppen haben einen schlechten Ruf, weil sie wirklich nerven können, wenn viel zu viel unnötige Nachrichten verschickt werden. Sie haben aber auch ein hohes Potenzial. Bist du mit einigen anderen Eltern vernetzt, kannst du schnell mal nach einem Foto des Sachkundearbeitsblattes fragen, wenn dein Kind selbst zu krank ist, um herumzutelefonieren.

Neue Menschen

Nach dem Abschied aus dem Kindergarten wird die Welt auch größer hinsichtlich der Menschen, mit denen dein Kind jeden Tag zu tun hat. Mehr Kinder kommen hinzu, aber auch mehr Erwachsene. Das ist wichtig und gut für die Entwicklung deines Kindes, aber es ist auch an vielen Stellen herausfordernd. Dein Kind wird viele Gelegenheiten bekommen, selbstständig mit anderen umzugehen, Probleme zu lösen, aber sich auch überfordert fühlen. Ob Freundschaften oder auch Beziehungen zu Erwachsenen wie Verwandten, Lehrkräften oder Trainern gut gelingen, hat mit Einfluss darauf, wie sicher und wertvoll dein Kind sich fühlt. Beziehungsstärke wird auch dort gebraucht.

Mehr Kinder

Ist dein Kind mit den besten Freundinnen und Freunden aus dem Kindergarten eingeschult worden? Bleibt die Truppe zusammen? Manchmal ist das so, es hilft beim Start und die Gruppe bleibt auch über eine lange Zeit erhalten. Oftmals sortiert sich im Klassenverband aber alles neu. Du wirst neue Namen hören, wenn dein Kind über seinen Tag erzählt. Und irgendwann werden andere Kinder in der Tür stehen und deines zum Spielen abholen wollen. Du wirst immer weniger involviert sein. Zur Unabhängigkeit im Grundschulalter gehört ein stärkerer Bezug zu den anderen Kinder im Umfeld. Meist wird das nur Jugendlichen zugeschrieben: weg von den Eltern, hin zur Clique. Aber diese Verlagerung beginnt jetzt schon. Die Gleichaltrigen sind noch nicht so wichtig für die Meinungsfindung wie in der Pubertät. Jetzt zählt noch deine Sicht mehr. Aber sie werden zu Vorbildern und Vergleichsobjekten auf dem Weg dahin, sich selbst realistisch zu sehen und seinen Platz in der Welt zu finden.

Für dein Kind ist all das ein ganz wichtiges Entwicklungsfeld. Die Gleichaltrigen sind mit ihm auf einer Ebene. Gemeinsam üben sie, wie man respektvoll miteinander umgeht – und auch, wie man es nicht tut. Zusammen entwickeln sie Moralvorstellungen und verschiedene Möglichkeiten, sich zu streiten. Es ergeben sich Gruppenregeln und dein Kind lernt auch, sich einzufügen, anzuführen oder sich unterzuordnen. Die Klassenkameraden sind die Menschen, mit denen dein Kind lernt, Freundschaften zu schließen, aufrechtzuerhalten oder auch zu beenden und zu betrauern. Du bist immer weniger als Vermittler gefragt. Dein Kind wird das Kontaktieren immer selbstständiger übernehmen, live oder auch per Telefon oder Messenger. Dazu braucht es dich nur als Begleitung: erreichbar, aber nicht ständig dabei.

In der Schule ist es ähnlich: weder du bist dabei, noch eine enge Begleitung wie in der Kindergartenzeit. Die Lehrkräfte achten auch auf das soziale Miteinander und sind in den Pausen in der Nähe, aber die Grundschulkinder können und sollen eigenständiger miteinander auskommen. Erwachsene Blicke dürfen weniger werden.

Der Schulhof ist jedoch ein raueres Pflaster als der Sandkasten im Kindergarten. Zwischen 6- und 10-jährigen Kindern bestehen große Unterschiede, aber sie kommen dort zusammen. Und auch die Gleichaltrigen starten häufig an sehr unterschiedlichen Punkten. Einige sind noch sehr behütet, andere dürfen schon Dinge, die nicht ganz altersgerecht sind, oder verfügen über Sachwissen oder auch Vokabular, das anderen fremd ist.

Hör deinem Kind gut zu, was es erzählt und womit es sich beschäftigt. Nehmt euch Momente, in denen ihr in Ruhe darüber sprechen könnt, und wenn es nur abends an der Bettkante ist. Aber achte vor allem darauf, dass dein Kind einen starken Rücken und ein selbstsicheres Ich bekommt: Es sollte sich in der Freizeit als pfiffig erleben können und von zu Hause ein *„Du bist vollkommen in Ordnung“*-Gefühl mitbekommen. Dann kann es bewältigungskräftig mit allen Herausforderungen umgehen, wenn es ohne dich unterwegs ist.

Um Freundschaften schließen zu können, plane mit deinem Kind genug Zeit für Verabredungen ein. Biete ihm außerdem an, zu besprechen, was die Freund- und auch Feindschaften an Gefühlen mit sich bringen.

Wie geht das? Freundschaften müssen ein bisschen geplant werden. Denn Zeit zu finden, ist unter der Woche manchmal gar nicht so leicht. Die Schule nimmt zeitlich immer mehr Raum ein, organisierte Hobbys auch. Wenn die Kinder wenig gemeinsame Freizeit finden, kannst du schauen, ob Wege gemeinsam gegangen oder Kurse gemeinsam besucht werden können. Findest du eine andere Familie, die an festen Tagen die Kinder- und Hausaufgabenbetreuung mit euch abwechselt? Lass Raum für Verabredungen am Wochenende. Ja, das ist auch die einzige Familienzeit, aber oft eben auch die einzige Möglichkeit für ausgiebige Freundschaftsmomente.

Um die Beziehungen deines Kindes zu besprechen, solltet ihr im Alltag Zeit finden: bei gemeinsamen Wegen, beim Essen, abends an der Bettkante. *„Mit wem hast du heute viel Zeit verbracht? Warum?“* sind gute Starterfragen.

Unter den Gleichaltrigen kann es auch Feindschaften geben. Im Grundschulalter bringt das schnell mehr Stress mit sich als noch bei Kitastreitereien. Die Kräfte sind stärker, die Zeiten ohne erwachsene Aufsicht häufiger, manche Strategien leider auch gemeiner. Damit zurechtzukommen und Konflikte auszutragen, ist auch Teil des Reifens – Bewältigungskraft. Wird aus Ärgern echtes Mobbing, lies das Kapitel „Mobbing und Cybermobbing“ ab S. 179.

Manchmal magst du die neuen Freunde deines Kindes nicht und sie sind eher deine „Feinde“, weil du etwas an ihrem Verhalten unangenehm findest. Ermögliche deinem Kind diese Kontakte dennoch. Sprich Verhaltensweisen aber ruhig an, die dich an seinen Freundinnen oder Freunden stören. Das muss nicht vorwurfsvoll geschehen. Frag dein Kind nach seiner Meinung dazu.

Macht dir ein Freund oder eine Freundin Bauchgrummeln, prüfe, ob die Kinder auf der gleichen Ebene stehen, also ungefähr einen gleichen Entwicklungsstand haben. Große Alters- oder Fähigkeitenunterschiede machen das Miteinander von Kindern schwierig und unfair. Auf so etwas darfst du dein Kind hinweisen und derlei Kontakte musst du nicht fördern. Doch dein Kind sollte ansonsten selbst erkennen, was nicht gut daran ist, und Treffen von allein reduzieren wollen.

Mehr Konflikte

Durchlebt dein Kind viele Streitigkeiten, muss dich das nicht verzweifeln lassen, auch wenn es wehtut, dabei zuzusehen. Kommunikation und Konflikte sind ein wichtiges Lernfeld. Erwachsene sollten nicht versuchen, sie zu unterbinden. Biete deinem Kind an, Streits im Nachgang zu besprechen und gemeinsam zu überlegen, wie Kompromiss- und Lösungsfindung besser gelingen könnten. Besonders wenn du den Eindruck hast, dein Kind lässt sich ständig von anderen bevormunden, bemühe dich, es zu stärken. Ihr könnt Streitgespräche üben, damit dein Kind Formulierungsideen hat, falls es wieder mal hoch hergeht.

DEN RÜCKEN STÄRKEN

Sehr dominante Freunde und Freundinnen können dein Kind stark stressen. Sie aus dem Leben deines Kindes zu verbannen, ist nicht der beste Weg und oft ohnehin nicht möglich. Du kannst aber dein Kind stärken. Darf es zu Hause viel mitbestimmen und sich bei den Dingen, die ihm Spaß machen, als fit erleben, können andere es nicht mehr so leicht an sich zweifeln lassen. Und darf es zu Hause Nein sagen, widersprechen und argumentieren, kann es das auch bei Gleichaltrigen besser.

Freundschaften sind im Grundschulalter noch häufig unverbindlich und wechseln schnell. Auch das muss dich nicht verunsichern. Manchmal wird dein Kind dasjenige sein, das einen Kontakt beschränkt, und manchmal wird ein anderes Kind deinem sagen: *„Du bist nicht mehr mein Freund.“* Das ist nichts Bösartiges, denn die Kinder sehen einander noch nicht so gut, wie Jugendliche und Erwachsene das können. Es ist ihre Strategie, mit Unwohlsein und Ärger zurechtzukommen. Das wirkt teilweise unsozial, doch dein Kind ist ganz sicher im Grunde sehr freundlich.

Mehr Albernheiten

Freundschaften können jetzt aber auch schon sehr verbinden. Manchmal wird das geradezu anstrengend, wenn die Kinder sich verbünden und vor lauter Spaß nicht richtig sehen, was sie tun. Dann ärgern sie andere, stören den Unterricht und der Spaß steht im Vordergrund.

Auch hier muss dein Kind noch lernen, wie es so etwas richtig ausbalanciert. Hilfreicher als Erklärungen oder gar Schimpfen ist es immer, wenn alle Betroffenen zusammen an einem Tisch sitzen und einander beschreiben, was sie fühlen.

Lass dich nicht verleiten, Vorfälle nur unter den Eltern zu klären, bei bestimmten Kindern Schuld zu suchen oder ohne Kinder nur mit einer Lehrkraft zu sprechen. Beziehungsstärke greift auch hier und dafür sollten alle Beteiligten zusammenkommen.

Du ermöglichst Freundschaften und begleitest dein Kind.

FREUNDSCHAFTEN BEGLEITEN

Spürst du, dass eine Freundin oder ein Freund dein Kind belastet, versuch herauszufinden, was zwischen den beiden los ist. Das geht oft einfacher, wenn du erst einmal von einer schwierigen Freundschaft in deinem Leben erzählst, anstatt dein Kind auszufragen. Kinder öffnen sich dann leichter.

Weiß dein Kind überhaupt etwas von deiner aktuell engsten Freundschaft? Und was sie so gut und manchmal auch schwer macht? Weiß es von einer wichtigen Freundschaft in deinem Leben, die zerbrochen ist? Erzähl mal von dir.

Mobbing und Cybermobbing: „Die sind so gemein zu mir!"

Ausgrenzung und Ärgern, das über normales Quatschmachen hinausgeht, macht Schulkindeltern große Angst. Statistisch gesehen erleben zwei, drei Kinder pro Klasse wirklich fiese Hänseleien. Das ist zu viel, wenn dein Kind betroffen ist, aber im Grunde keine hohe Zahl, also lass die Angst im Vorfeld nicht zu groß werden.

Sollte es dein Kind tatsächlich treffen, ist das eine ganz schöne Herausforderung. Dann wird es körperlich angegangen, ihm werden ständig Sachen weggenommen oder kaputt gemacht, oder es wird emotional belästigt, beispielsweise durch Ausgrenzung. Manche Kinder erzählen schnell zu Hause davon, aber viele schämen sich und schweigen. Sollte dein Kind sich auffällig verändern, geh dem nach. Sprich mit anderen Eltern, denen du vertraust. Irgendein Kind erzählt zu Hause sicher, wenn etwas nicht gut läuft, denn die meisten haben sehr wohl ein intaktes Gewissen, selbst wenn sie am Mobben beteiligt waren. Zum Glück hast du viele Handlungsmöglichkeiten, wenn du merkst, da ist etwas im Busch.

Wie geht das? Steig zu deinem Kind ins Boot und unternimm nichts über seinen Kopf hinweg. Sprich auf jeden Fall alle Schritte mit ihm ab und erkläre, warum auch manches notwendig ist, was ihm Angst macht.

- Starte mit einem Bericht darüber, wann du mal Mobbing erlebt hast, bei dir oder in deinem Umfeld, und versuch dein Kind zum Erzählen zu bekommen. Manchmal geht das nicht gut am Mittagstisch, sondern eher, wenn ihr etwas Schönes gemeinsam unternehmt und in Bewegung seid.
- Hilf deinem Kind zu verstehen, dass es keine Schuld hat. Opfer fühlen sich oft so, und das muss ihnen genommen werden. Dazu kannst du mit deinem Kind überlegen, warum der oder die anderen zu Tätern geworden sind. Warum fühlen sie sich mit so einem gemeinen Verhalten besser?

- Schaffe Öffentlichkeit. Die Schule sollte Bescheid bekommen und in die Verantwortung genommen werden. Sozialpädagogische oder schulpsychologische Fachkräfte können in der Klasse tätig werden.
- Sprich nicht auf eigene Faust die Eltern von mobbenden Kindern an. Ohne Moderation durch die Schule kann das nach hinten losgehen und am Schulmorgen unter den Kindern zu noch mehr Problemen führen.
- Suche mit deinem Kind Ideen, wie es sich bei weiterem Mobbing verhalten kann: Wen kann es in der Schule sofort ansprechen, um Hilfe zu bekommen? Was kann es Cooles sagen, um den Mobbern Wind aus den Segeln zu nehmen? Gut ist zum Beispiel etwas Zustimmendes wie *„Wenn du das sagst."* Übt dazu eine aufrechte Körperhaltung und einen starken Blick vor dem Spiegel.

Während und nach einer Mobbingerfahrung bist du gefragt als Stärkung für dein Kind. Sein Selbstwertgefühl wird gelitten haben. Wo in der Familie, der Schule oder in seiner Freizeit kann es sich wieder kompetent und gemocht fühlen? Verhilf ihm zu guten, stärkenden Erfahrungen. Das kann zum Beispiel einfach Nachbarschaftshilfe sein (Besorgungen machen, Vorlesen, Tierpflege) oder ein neues Hobby, vielleicht sogar mit dir gemeinsam.

Ist dein Kind selbst zum Mobber oder zur Mobberin geworden? Das passiert manchmal leichter als gedacht. Wichtig ist, dass du deinem Kind ohne Schamgefühle begegnest, denn sonst wirst du dich innerlich eher von ihm entfernen und leichtfertig Strafen verhängen. Die würden aber gar nichts bringen. Denn Strafen bewirken höchstens, dass dein Kind sein Verhalten aus Angst ändert, aber nicht aus Verständnis. Sie helfen deinem Kind auch nicht dabei zu erkennen, wie es sich gesund verhalten kann. Sucht nach Ursachen, steh an seiner Seite und hilf ihm bei der Klärung aller Probleme. Was kann es verändern?

MOBBING PER HANDY

Der Schulhof und der Schulweg sind schon sehr außerhalb der Reichweite von Erwachsenen, aber das Handy ist es noch viel mehr. Daher fallen dort schnell alle Hemmungen und andere Kinder werden leicht in Chats bloßgestellt, beschämt oder belästigt. Veränderte Fotos werden geteilt und in einem unmoderierten Klassenchat bekommen sie rasch etliche Kommentare und werden weiterverbreitet. Darum ist es hilfreich, wenn dein Kind erst spät und nach guter Begleitung in dieses Medium einsteigt. Sei dabei, wenn es Onlinespiele mit Chat ausprobiert und überlasse ihm ein eigenes Smartphone mit Messengern lieber erst nach der Grundschulzeit und nach helfenden Gesprächen, die ihm deutlich machen, welche Gefahren da lauern. Gut ist immer, wenn dein Kind versteht, dass nichts im Handy oder Internet landen sollte, was es nicht auch an die Pinnwand der Schule hängen würde.

Ist das Cybermobbing schon passiert, ist schnelles Handeln nötig: Schule und unter Umständen auch die Polizei müssen informiert werden, besonders wenn Fremde und Erwachsene beteiligt waren. Sichert Beweise durch Screenshots.

Ärger mit Älteren: „Ich bin doch gar kein Baby mehr!“

Die Altersmischung auf dem Schulhof nervt manche Kinder sehr. Im Kindergarten war dein Kind eines von den Großen, jetzt ist es wieder neu, klein, unwissend. Das kann zu Ärger führen und verunsichern. Erzählt dein Kind dir von solchen Gefühlen und von unangenehmen Begegnungen mit Älteren, kannst du ihm mit ähnlichen Mitteln helfen wie im Mobbingfall.

Wie geht das? Lass dein Kind fühlen, dass seine Emotionen gerechtfertigt sind. Es ist ja wirklich doof, wenn andere sich aufspielen und deinem Kind das Gefühl geben, unterlegen zu sein. Besprich mit deinem Kind, was ihm in den Momenten wirklich helfen kann:

- Mit Rechtfertigungen macht dein Kind sich noch angreifbarer. Ein *„Du hast recht. Ich bin klein."* irritiert die Größeren oft genug, damit sie aufhören.
- Auch mit Gestik Grenzen zu setzen hilft: *„Ich will das nicht."* plus eine vorgestreckte Hand gibt deinem Kind ein stärkendes Gefühl und den Älteren eine klare Ansage. Andere, die helfen können, können es sehen.
- Insgesamt kann eine aufrechte, klare Körperhaltung zusammen mit einem mutigen Blick deinem Kind innerlich Kraft geben und den Größeren signalisieren, dass ihr Gezanke nicht viel Sinn hat.
- Wie auch in Sachen Mobbing sollte dein Kind wissen, dass es immer gut ist, Hilfe zu holen, wenn es sich bedrängt fühlt. Das ist kein Petzen, denn die Ausgangssituation „älter vs. jünger" ist nicht gleichrangig („Gruppe vs. Einzelperson" auch nicht!).

Damit dein Kind sich neben älteren Schülerinnen und Schülern nicht doof fühlt, hilft es wieder, wenn es außerhalb der Schule an vielen Stellen sehr selbstständig sein darf. Sich so selbstwirksam und bewältigungskräftig zu erleben ist Prophylaxe, um sich in unangenehmen Situationen nicht klein und schlecht zu fühlen.

Konflikte und Aggressionen: „Der hat mich beleidigt und dann hab' ich halt gehauen!"

Streit und Aggressionen kennst du sicher schon aus der Kindergartenzeit deines Kindes. Denn gerade in dem jungen Alter fällt es Kindern schwer, sich ohne Handgemenge zu einigen, wem nun die schönste Schaufel gehört. Im Grundschulalter verändern sich Konflikte ein wenig, weil Argumentieren, aber auch Schimpfwörter dazukommen.

Aggressives Verhalten bleibt leider auch häufig und wird mit wachsenden Kräften nochmal gefährlicher.

Auch hier ist es wichtig, dass du dich in deiner Reaktion nicht von Scham oder Wut leiten lässt. Aggressionen bei Kindern sagen nicht sofort, dass du ein schlechter Elternteil bist und dein Kind ein übler Typ.

Wie geht das? Mach dir bewusst, dass dein Kind im Grunde lernen möchte und sollte. Es geht um Konfliktführung und Umgang mit Wut. Das lernt man nicht schnell in drei Schritten, sondern über Jahre, indem dein Kind immer wieder gutes Streiten erlebt. Sei Vorbild, indem du lösungsorientiert streitest, nicht schuldsuchend:

- Statt Vorwürfe und Schuldzuweisungen äußere, was du brauchst und welche Nöte du beim anderen wahrnimmst. Man muss einander verstehen, um Kompromisse suchen zu können.
- Wut muss raus. Wie machst du das, ohne andere zu verhauen? Wird deine Stimme lauter oder stampfst du mit dem Fuß auf? Überleg mit deinem Kind, wie das bei ihm aussehen könnte und vor allem, was es im Wutmodus daran erinnern kann, nicht wieder zuzuhauen, sondern die Alternative zu wählen.

Alternativ kann dein Kind sich zum Beispiel ein lustiges Schimpfwort überlegen, mit dem es bewältigungskräftig reagieren kann, oder eine Bewegung mit den Armen oder Beinen machen, die Kraft rauslässt, aber niemanden trifft. Übt das zu Hause, wenn sich ein Konflikt auftut.

ZUTRAUEN

Dein Kind hat keine Lust auf derlei Gespräche? Das ist nicht verwunderlich, denn sie klingen ja danach, als könne es etwas noch nicht gut. Und Unangenehmes schieben nicht nur Kinder gerne von sich. Nutz positive Motivation und gib deinem Kind zu verstehen, wie sehr du ihm zutraust, Streitigkeiten anders lösen zu können und zu wollen. Erwähne, in welchen anderen Bereichen du dein Kind als sehr sozial und kompetent erlebst. Spürt es dein Zutrauen, kann es sich leichter für die Veränderungen öffnen.

Zeigt sich dein Kind nicht nur ab und an in Konflikten aggressiv, sondern greift dich oder andere immer wieder verbal oder körperlich an, ohne dass es vorher klar ersichtlich ein Problem gab, bist du gefragt. Kein Grundschulkind wird einfach so aus Spaß ständig gewaltvoll. Sein Problem liegt tiefer. Grabe danach. Du kannst davon ausgehen, dass dein Kind sich an irgendeiner Stelle unsicher fühlt und mindestens ein grundlegendes Bedürfnis nicht erfüllt ist. Im ersten Schritt hört ein Kind dann nämlich meist auf, zu kooperieren, im zweiten greift es von sich aus an.

Dein aggressives Kind benötigt Hilfe, keinen Druck. Schau mit der Familie und auch mit der Klassenleitung oder sogar dem schulpsychologischen Dienst hin, was bei deinem Kind schon eine Weile zu kurz kommt: Geht es ihm körperlich gut (sehen, hören, Ernährung)? Fühlt es sich geliebt? Ist es fröhlich? Hat es Platz für Selbstbestimmung? Ist es in der Klassengemeinschaft angekommen? Kennt es seine Vorzüge? Kann es stressfrei lernen und reifen? Wo hakt es?

Wenn ihr dem Mangel auf die Spur gekommen seid, hast du den richtigen Hebel in der Hand, um die Aggressionen deines Kindes kleiner werden zu lassen.

Alleinsein: „Keiner spielt mit mir!"

Einsamkeit kann auf dem Schulhof ein Problem werden. Selbst wenn die besten Kindergartenfreunde in die gleiche Klasse gekommen sind, kann es passieren, dass sich die Karten neu mischen und dein Kind plötzlich nahezu allein dasteht. Vielleicht finden seine dicksten Kumpel auch plötzlich Gummitwist oder Verstecken toll, was es selbst überhaupt nicht leiden kann, und weshalb es dann am Rand steht. Sobald es dir davon erzählt, finde beziehungsstark heraus, wie sehr es darunter leidet.

Wie geht das? Frag dein Kind, was es macht, wenn es allein ist. Hat es Ideen, wie ihm die Pause auch so Spaß bringt, oder fühlt es sich verlassen? Wenn es nur beschreibt, dass es eher allein ist, aber damit ganz gut zurechtkommt, weil es für sich schöne Aktivitäten findet, musst du nichts unternehmen. Das findet sich schon wieder alles. Merkst du ihm aber an, dass es unter der Situation leidet, biete Hilfe an:

- Entweder könnt ihr etwas finden, was dein Kind in den Pausen auf jeden Fall auch allein machen kann. Es kann ein kleines Notizbuch zum Malen in der Hosentasche stecken haben oder sein eigenes Springseil mitnehmen. Hauptsache es fühlt sich nicht ohnmächtig und ausgeliefert, sondern weiß, was es für sich tun kann.
- Oder ihr überlegt gemeinsam, zu welchem Kind deines einen eher leichten Zugang hat, sodass es dieses am Morgen ansprechen kann oder auch am Nachmittag treffen kann, um ein wenig einen Fuß in die Tür zu bekommen. Ein guter Startersatz auf dem Schulhof ist zum Beispiel: *„Ich mach gern XY, magst du mitmachen? Ich glaube, du kannst das gut."* Verabredungen am Nachmittag sollte dein Kind nach und nach selbst organisieren, aber wenn es ihm schwerfällt, darfst du noch unter die Arme greifen.

Manche Kinder, die unter dem Alleinsein leiden, versuchen selbst wieder in Kontakte zu kommen, aber machen das nicht immer ganz geschickt. Vielleicht erfährst du, dass dein sonst eher zurückhaltendes Kind mehrfach dadurch aufgefallen ist, dass es andere getreten hat. Das ist gar kein untypisches Verhalten, wenn Kinder im Grundschulalter Anschluss suchen, aber zu unbeholfen sind, um das gut anzustellen. Wichtig ist es, nicht zu schimpfen, sondern herauszufinden, wie die Situation war und was dein Kind eigentlich erreichen möchte. Dann kannst du ihm mit den oben genannten Tipps helfen.

Mehr Bezugspersonen

Nicht nur neue Gleichaltrige, sondern auch andere Erwachsene spielen nun eine Rolle. Im Grunde ist das vor allem gut, denn jede neue Beziehung lässt dein Kind lernen, wie es mit anderen umgehen kann. Lebe ihm grundsätzlich vor, dass du die anderen Erwachsenen wertschätzend siehst, selbst wenn deine Erinnerung an eigene Lehrkräfte dir das schwer macht.

Neu sind auf jeden Fall Lehrkräfte, bei Ganztagsschulen auch die pädagogischen Teams im Nachmittagsprogramm, je nach Hobby möglicherweise auch neue Trainerinnen oder Kursleitungen und die Eltern der anderen Kinder. Je nachdem, wie mutig, aber auch wie sicher dein Kind zu Hause gebunden ist (wie sehr es also *„Ich bin sicher, nicht allein, meine liebsten Menschen sind gut zu mir."* fühlen kann), desto leichter werden ihm die Kontakte fallen.

Typische Herausforderungen sind unangenehme Rückmeldungen von Lehrkräften oder anderen Erwachsenen im Schulbetrieb sowie die Kontakte zu fremden Eltern ohne deine Begleitung. Du kannst erst einmal abwarten, was dein Kind erzählt und helfen, wenn es nötig wird.

Wie geht das? Begleite es dabei, die Erfahrungen zu besprechen und zu überlegen, wie unschöne Situationen in Zukunft anders ablaufen könnten:

- Du kannst deinem Kind hier helfen, in dem ihr miteinander Gesprächseinstiege übt: *„Mir geht es nicht gut mit …“, „Ich verstehe nicht, dass … “, „Ich würde gern verändern, dass …“.*
- Zu Gesprächen mit Lehrpersonal findest du noch mehr Impulse am Ende des Kapitels „Neue Wege und Orte“ ab S. 190, denn sie gehören zu den neuen Erfahrungsräumen deines Kindes.
- Noch besser ist es, wenn du mit deinem Kind jetzt ins „Mindmapping“ einsteigst: Sammle mit ihm auf einem Blatt alle Gedanken, die es zu dem Thema hat, das es mit einer Lehrkraft oder Kursleitung besprechen möchte oder auch schon besprochen hat. Schreibt bunt dazwischen, welche Gefühle dein Kind dazu hat und was andere Beteiligte wohl fühlen und denken. So könnt ihr euch Stück für Stück vorarbeiten, bis dein Kind weiß, was es sagen könnte. Und es nimmt sich mit dem Mindmapping eine Methode für spätere Situationen mit.
- Manches lässt sich noch nicht ohne dich lösen. Gespräche im Dreieck sind wirklich hilfreich. Anstatt mit einer Lehrkraft oder einer anderen erwachsenen Bezugsperson über dein Kind zu reden und später dann mit ihm über das Gespräch, startet sofort zu dritt und redet alle miteinander. Das nimmt auch gleich ein Gefühl von Machtgefälle aus der Situation heraus. Eine gute Frage in alle (!) Richtungen ist: *„Was ginge besser? Was kann ich anders machen?“* Wertschätzend ist außerdem, wenn ihr euch gegenseitig erkundigt und erzählt, wie es euch geht.
- Eltern anderer Kinder können herausfordernd werden, wenn sie dein Kind aushorchen, sodass es ihm unangenehm wird. Finde heraus, was genau das Unwohlsein verursacht: Versucht ein anderer Vater über dein Kind herauszufinden, wie sein eigenes sich in der Schule benimmt? Probiert eine Mutter, von deinem Kind Informationen über euer Privatleben zu bekommen? So etwas ist überfordernd für ein Grundschulkind. Gib deinem Kind mit, dass es

absolut in Ordnung ist, in so einem Fall *„Dazu möchte ich dir nichts erzählen."* zu entgegnen. Je nachdem, wie unwohl dein Kind sich damit fühlt und wie viele Berührungspunkte es mit dem anderen Erwachsenen hat, musst du dann aber einschreiten und der Person gegenüber eine Grenze setzen.

- Ist dein Kind in anderen Familien zu Gast, kann es vorkommen, dass andere Eltern es für ein Verhalten kritisieren oder schimpfen. Auch das kann ungute Gefühle machen. Deine Aufgabe ist dann, mit deinem Kind hinzuschauen, ob sein Tun tatsächlich nicht nett war, und das dann aufzuarbeiten. Schaut euch die Sicht der anderen Beteiligten an. Wäre eine Entschuldigung deines Kindes angebracht? Siehst du hingegen, dass dein Kind sehr ungerecht oder auch zu hart behandelt wurde, steige in die Klärung mit ein und sprich die andere Person ans.

Wichtig ist, dass du unterstützt, dass Kinderthemen unter den Kindern geklärt werden und Erwachsenenthemen unter euch Erwachsenen. Typische Themenfelder sind dabei im Grundschulalter beispielsweise Sicherheit und Freizeitgestaltung:

- Das Thema Sicherheit taucht jetzt häufig in Bezug auf Autositze auf. Es kann sein, dass dein Kind bei einer anderen Familie mitfahren soll, die einen laxeren Umgang mit den gesetzlichen Vorschriften hat. Kläre das im Vorfeld, damit dein Kind nicht mit Bauchgrummeln in ein Auto ohne passende Vorrichtungen einsteigt. Du darfst darauf hinweisen, dass es hierzu keinen Spielraum gibt, denn der Gesetzgeber hat für uns entschieden, was Kinder benötigen.
- Der Umgang mit digitalen Medien wird in verschiedenen Elternhäusern sehr unterschiedlich gehandhabt. Hier rate ich dir einerseits zu Entspannung: Wenn dein Kind andere trifft, ist es nicht so wichtig, ob sie draußen im Wald oder drinnen an der Konsole spielen. Das kannst du beeinflussen, wenn dein Kind zu Hause ist. Wichtig ist jedoch für unterwegs, dass es kompetent im Umgang mit dem Digitalen ist. Also hör ihm zu, wenn es erzählt, was es bei

den anderen gesehen hat. Informier dich und sprich mit deinem Kind über die spaßigen und die fraglichen Seiten eines Spiels. Und sprich die anderen Eltern nur an, wenn du das Gefühl hast, da werden sehr fragliche Inhalte konsumiert.

Du hilfst deinem Kind,
die Sichtweisen anderer Erwachsener
zu erkennen und gute Gespräche
mit ihnen zu führen.
Du übernimmst, wenn dein Kind
überfordert ist.

UNANGENEHME SITUATIONEN MEISTERN

Dein Kind wird kompetent im Umgang mit anderen erwachsenen Bezugspersonen, wenn es das möglichst viel üben darf. Also lass ihm die Chance. Du kannst es dazu ermuntern, der Nachbarin das angenommene Päckchen vorbeizubringen, im Supermarkt zu fragen, wo sich die Lieblingschips verstecken, mit Opa zu klären, dass es an Weihnachten nach 50 Jahren nun endlich ein anderes Dessert geben wird, weil dein Kind das liebt und selbstmachen kann. Jedes Mal, wenn dein Kind sich in solchen Momenten als kompetent erlebt, stärkt für die Zukunft.

Neue Wege und Orte

Kindergärten sind heute oftmals auch nicht mehr gleich nebenan oder nur zweimal um die nächste Ecke, sodass viele Kinder schon im Kleinkindalter einiges an Wegen absolvieren müssen. Allein sind sie dabei in der Regel nicht. Mit der Einschulung ändert sich das für viele, was oft sogar hilfreich ist. Denn gerade das Zurücklegen verschiedener Strecken mit Ampeln, Zebrastreifen, Autos und mehr ist eine gute Möglichkeit für dein Kind, sich kompetent und ernst genommen zu fühlen. Dabei hat es die Chance, sich an Absprachen und Eingeübtes zu halten. Es hat aber auch die Chance, seine Eigenständigkeit ungefragt Schritt für Schritt zu erweitern: Vielleicht wagt es noch einen unabgesprochenen Schlenker zum Kiosk oder geht irgendwann im Winter in der frühen Dunkelheit anders als sonst ohne seine Freundin vom Spielplatz heim. Das darf so sein. Wichtig ist, dass es sich im Anschluss traut, dir davon zu erzählen, sodass ihr nachbesprechen könnt, warum das deinem Kind wichtig war und was daran gut oder gefährlich ist.

Mehr Freiheit und neue Erfahrungsräume

Nach der Einschulung wird dein Kind neue Orte ohne dich kennenlernen. Es bricht gemeinsam mit der Klasse zu Ausflügen und später auch zu einer Klassenfahrt auf, es besucht Museen oder andere besondere Orte. Im Normalfall sind dann andere Erwachsene dabei, aber ein weit entferntes Ausflugsziel, Nächte in Landschulheimen oder auch nur der Restweg vom gemeinsam mit der Klasse genutzten Bus allein nach Hause können sich nach ungewohnter Weite und ungemütlichem Alleinsein anfühlen.

In der Freizeit außerhalb der Schule kommen weitere neue Erfahrungen hinzu: ein neues Hobby, ein Freund, der weiter weg wohnt, eine Ferienfreizeit oder eine Geburtstagsparty, sogar mit Übernachtung, Wege mit dem Fahrrad oder dem ÖPNV – all das sind Gelegenheiten, in denen dein Kind eigenständig handeln und unterwegs sein kann.

Macht dein Kind das alles gern, hast vielleicht nur du dein Problem mit der neuen Freiheit, weil du hier und da beim Loslassen über deinen Schatten springen musst. Vertraue, halte aus, übe dich in Geduld und befasse dich unter Umständen mit deinen eigenen Ängsten. Das ist nicht ohne. Besprich oder übe mit deinem Kind, wie es sicher durch die neuen Bereiche steuern kann:

- Es ist nicht besonders sinnvoll, wenn du neue Wege mit deinem Kind übst und in einer Tour redest, worauf es zu achten hat. Lass es stattdessen mehr selbst machen, dann bleiben die wichtigen Aspekte auch in seinem Kopf. Bleib alle paar Meter stehen und frage, was dein Kind an Besonderheiten wahrnimmt. Gibt es Ausfahrten, hohe Gebüsche, die die Sicht versperren, Lautstärke, die ablenkt? Welche Schilder findet ihr? Was ist alles auf dem Fahrkartenautomaten zu entdecken?
- Will dein Kind einen Roller oder ein Fahrrad nutzen, schiebt an herausfordernden Stellen, um in Ruhe die obigen Fragen zu beantworten.
- Plant auch einen Ausflug nur mit öffentlichen Verkehrsmitteln und beschäftigt euch gemeinsam mit den Fahrplänen und dem Ticketkauf.

Mag dein Kind die Aussicht auf eigene Wege und mehr Freiheit nicht, wird es schwieriger. Dann brauchst du nicht nur die beobachtenden Fragen von oben, sondern vor allem etwas, was dein Kind motiviert und absichert. Sorge dafür, dass es sich nach und nach sicherer fühlt und die Freiheit ausprobiert.

Wie geht das? Vermittle deinem Kind Zutrauen: *„Du kannst das schaffen. Denk dran, wie du im Urlaub allein zum Bauernhaus gefunden hast."* Und ihr braucht kleine Schritte:

- *„Wir gehen erst einmal zusammen hin."*
- *„Wir finden Ideen dazu, was du machen kannst, wenn du dich unwohl fühlst."*
- *„Wir schauen uns den Verein und die Trainerin erst einmal im Internet genauer an."*

- *„Lass uns Ideen suchen, wie du ein Gespräch starten kannst."*
- *„Lass uns ein Ritual überlegen, das dir hilft, kein Heimweh zu haben."*

Solch ein Ritual kann beispielsweise sein, dass ihr immer zur vollen Stunde beide aus dem Fenster guckt – und dann immer den gleichen Himmel sehen werdet, auch wenn ihr an ganz verschiedenen Orten seid. Eine Armbanduhr mit Alarm kann euch helfen, daran zu denken.

GPS-Tracker, beispielsweise an Uhren, wollen Sicherheit vermitteln. Ihre Nutzung ist umstritten. Einerseits lernt dein Kind mehr, wenn du es ohne versuchst: Gib ihm einen Vertrauensvorschuss, trefft Absprachen, übt gemeinsam, überlegt Notfallpläne. In der Regel geschieht nichts Lebensgefährliches. Stattdessen bekommt dein Kind Gelegenheiten, über sich hinauszuwachsen und manchmal auch Probleme zu lösen. Bewältigungskraft!

Andererseits kann ein Tracker sowohl dir als auch deinem Kind das Gefühl von Verbundenheit vermitteln. Eher zögerliche Kinder können also davon profitieren. Du nutzt ja auch dein Smartphone, um deine Wege, deine Social-Media-Nutzung oder deine Gewichtskurve zu tracken. Das ist heute oft einfach eine häufige Nutzungsweise und darum auch für Kinder interessant.

Für ein mutiges Kind kann sich Tracking auch nach Kontrolle anfühlen. Wenn ihr nicht so gut in Beziehung zueinander seid, könnte dein Kind irgendwann anfangen zu schummeln, weil es spürt, dass du ihm nicht genug vertraust. Frag dich dann, was dir wichtiger ist: Ein Kind, das sich mit Risiken ausprobieren darf, oder ständige Klarheit über seinen Aufenthaltsort und Vermeiden von Suchaktionen.

Wichtig wäre, dass dein Kind den Glaubenssatz *„Ich schaffe das schon."* von dir mitbekommt. Das kann selbstverständlich auch mit Tracker funktionieren.

Du hilfst deinem Kind dabei, Freiheit zu fühlen und sich Freiheit immer mehr zuzutrauen.

SCHULGESPRÄCHE OHNE ELTERN

Am Schulmorgen kann es zu ganz neuen Erfahrungsräumen für dein Kind kommen. Dann geht es nicht um Wege oder Orte, sondern eher um das Situative: Beispielsweise muss es sicher immer wieder mal ohne deine Begleitung ein Gespräch mit einer Lehrerkraft führen. Das ist für dein Kind noch aufregender als die Strecke mit dem Bus oder die Übernachtungsparty bei seinem Freund allein zu bewältigen. Solch eine Situation kann viel Druck machen, sodass dein Kind möglicherweise sehr still oder aber eher angriffslustig wird. Berichtet dein Kind oder eine Lehrkraft dir von diesbezüglichen Problemen, erzähl deinem Kind, wie aufregend manche Gespräche für dich sind, was dir schon Peinliches passiert ist, wie du ein unangenehmes Thema gut besprechen konntest. Und überlegt danach gemeinsam, was dein Kind sagen will und wie es das respektvoll schaffen kann.

Ihr könnt es als Rollenspiel miteinander oder auch mit anderen Figuren üben. Wie fühlt es sich an, wenn einer von euch sehr schroff mit dem anderen spricht oder nicht richtig zuhört? Mit welchen Worten wirken manche Aussagen angenehmer? Was kann dein Kind mit den Händen machen, wenn es im Gespräch nervös wird? Diese Überlegungen senken die Hemmschwelle und helfen deinem Kind, sich sicher in ein unangenehmes Gespräch zu stürzen.

Unsicherheit: „Ich möchte bei Zoe schlafen – aber ich traue mich nicht!"

Übernachtungen ohne Eltern sind ein besonders heikles Thema bei den neuen Erfahrungsräumen. Viele Kinder lieben das und würden gern jedes Wochenende bei einem anderen Freund schlafen. Manche stresst das aber sehr. Sie bleiben lieber nur tagsüber bei der Freundin oder auch beim Opa, lassen sich im Gegensatz zu allen anderen lieber abends bei der Ferienfreizeit abholen und erzählen schon in der ersten Klasse, dass sie in der dritten auf keinen Fall mit ins Landschulheim fahren werden. Tu das nicht einfach ab. Schlaf hat viel mit der eigenen Sicherheit zu tun. Es ist etwas ganz anderes, ob dein Kind eine nervöse Stunde bei seiner Freundin spielen muss, bis du wiederkommst, oder ob es in einem fremden Bett die Augen schließen und den Tag verabschieden soll, wenn es eigentlich große Angst spürt. Du kannst helfen.

Wie geht das? Bereite dein Kind vor, wenn es den Wunsch hat, solch eine Übernachtung anderswo zu schaffen:

- Schlaft zu Hause immer mal woanders: auf dem Sofa, mit der Luftmatratze im Flur, auf drei dicken Decken in der Badewanne. So spürt dein Kind, dass auch andere Schlafumgebungen als die gewohnte okay sind.
- Veranstaltet Übernachtungen mit anderen erst einmal bei euch zu Hause. Im ersten Schritt drinnen, im zweiten draußen, und wenn es nur auf dem Balkon ist.
- Geht zusammen spätabends raus und nimm deinem Kind den großen Grusel vor der Dunkelheit. Singen, pfeifen und Licht können jetzt und später auch bei Übernachtungen helfen.
- Begleite dein Kind zu einer Freundin, wenn es dort schläft, und lasst euch gemeinsam zeigen, wo sein Bett ist, das Bad, der Kühlschrank und das Telefon.
- Überlegt wieder Rituale, die deinem Kind helfen können, die Nähe zu dir zu spüren, ohne dass du wirklich da sein musst: Kann es von dir etwas mitnehmen? Könnt ihr Uhrzeiten nutzen, um an ver-

schiedenen Orten gleichzeitig aneinander zu denken? Kann es ein Notizbuch mitnehmen und bei Heimweh etwas notieren oder aufmalen? Kann es dich zu einer bestimmten Zeit anrufen? Könnt ihr etwas zerteilen und jeder eine Hälfte behalten, zum Beispiel von einem Bild?

- Frag, ob dein Kind bestimmte Ängste hat. Weiß es nicht, was es tun könnte, wenn es nachts Hunger bekommt oder aus Versehen Pipi ins Bett geht? Überlegt euch gute Lösungen.

Hol dein Kind von der Übernachtung ab, wenn emotional einfach gar nichts mehr geht. Dann braucht es kein Geschimpfe, sondern eine dicke Umarmung, ein Lob dafür, wie lange es woanders bleiben mochte, und ein Gespräch darüber, was sich seltsam angefühlt hat und beim nächsten Mal anders laufen könnte. Bewältigungskraft!

Neue (Frei-)Zeiten

Für ein Kindergartenkind kann die Taktung der Tage auch schon eng sein, doch in der Schule wird sie sicher nochmal fordernder und vor allem gehen die Tage meist früher los. Der Wecker klingelt zeitig, es gibt meist keine Karenzzeit für die Ankunft im Klassenzimmer. Der Ranzen muss gepackt sein, ein wenig Frühstück sollte auch schon im Kinderbauch sein, denn gemeinsam gegessen wird nicht gleich beim Ankommen. Vielleicht muss dein Kind einen bestimmten Bus erwischen. Und nachmittags wird es oft ebenfalls hektischer als früher.

Mehr Stress

Wie sieht der Wochenplan deines Kindes jetzt aus? Wann kommt es heim? Muss es dann noch etwas für die Schule tun? Wie viel Zeit bleibt zum Spielen, zum Rausgehen, für euch, fürs Abendessen? Nach der Einschulung könnt ihr beide stärker in einem Hamsterrad landen als in der Kindergartenzeit. Der Druck steigt. Das kann dich ungehaltener machen, wenn dein Kind nicht kooperiert. Der Druck kann ebenso dein Kind nervöser machen, sodass es rascher frustriert oder verzweifelt ist.

Dass Schule Angst machen kann, habe ich dir im Kapitel „Elternangst und Kinderangst“ ab S. 12 schon gezeigt. Weil ein Schulabschluss so wichtig für das ganze Leben ist, spüren Eltern und Kinder den Druck ab der ersten Klasse. Lass dich nicht davon vereinnahmen. Schule ist wichtig, aber alles andere auch: eure Beziehung, Freundschaften, sportlicher und anderer Ausgleich. Solch eine Hamsterradsituation auszuhalten, ist also keine gute Idee. Nutzt eure Beziehungsstärke.

Wie geht das? Mach dir als erstes das Ziel klar: Dein Kind soll es schaffen, seine Tage gut zu planen und stressfrei pünktlich und zuverlässig zu sein. Es sollte außerdem auch ein gutes Gefühl dafür bekommen, wie viel Zeit für seine Verpflichtungen notwendig ist, wie viel aber auch für seine Freizeit und Erholung. Von dir braucht es zum Erreichen dieses Ziel Hilfe zur Selbsthilfe. Wenn du die ganze Organisation übernimmst, lernt dein Kind nichts daraus. Schenke ihm auch hier Bewältigungskraft.

- Hab realistische Erwartungen daran, wie viel Zeit nachmittags oder wochenends noch der Schule gehören darf. Täglich 30 Minuten ist ein guter Richtwert. Wenn dein Kind ständig drei Stunden am Tisch sitzt, um eine Aufgabe zu schaffen, ihr euch dabei anbrüllt und beide schon heute keine Lust auf den morgigen Tag habt, ist das nicht gut. Die Schule soll nie über eurer Beziehung stehen. Außerdem lernt kein Kind etwas, wenn es unter Druck und ohne Lust stundenlang eine Aufgabe fertigstellen soll. Am Ende ist die Seite voll, aber mehr hast du nicht erreicht.
- Wenn Schule so viel Zeit und Kraft einnimmt, sprich mit der Lehrkraft. Worum geht es denn? Nicht darum, dass dein Kind alle Hausaufgaben tiptop abgibt, sondern darum, dass es Lernen lernt und Neues nochmal übt. Und es geht auch darum, dass die Lehr-

kraft sehen kann, was deinem Kind noch schwerfällt. Erledige deshalb keine Aufgaben für dein Kind. Und darum zählt es auch zur Hausaufgabenzeit, wenn du 20 Minuten mit deinem Kind darüber sprichst, wo sich Verknüpfungen von der Matheaufgabe zu seinem Alltag finden lassen.

- Eine gute Hilfe kann sein, mit deinem Kind einen typischen Tag genau anzugucken: Wie viel Zeit wird benötigt für Wege, Unterricht, Essen, Freunde, Spielen, Hygiene, Familienzeit, Sport? Wie kann das ein bisschen besser sortiert werden, sodass jeden Tag klar ist *„Jetzt war es genug mit der Schule!“*, denn alles andere benötigt auch noch Zeit? Tages- und Wochenpläne, die ihr gemeinsam erstellt, können helfen.

Macht es erst einmal immer zusammen. Dann erfährst du, was deinem Kind wichtig ist, und nimmst dir Zeit für seine Ideen. Und dein Kind merkt, wie kompetent es ist und wie sehr du ihm vertraust. Wenn es nicht so richtig Lust dazu hat, sprich auch hier wieder zuerst über dich: Deine Tage fühlen sich unstrukturiert an und daran willst du etwas ändern? Was möchtest du tun? Könnt ihr gemeinsam starten?

Du hilfst deinem Kind, Zeiten und gut einzuschätzen und seinen Tag immer selbstständiger zu planen.

GUTE GEMEINSAME ZEIT

Dein Job, deine Pflichten zu Hause, weitere Kinder, die Nöte deines Schulkindes, deine eigenen Themen – all das kann an dir zerren. Du und dein Schulkind braucht schöne gemeinsame Momente, in denen ihr nicht auf die Uhr schaut, du nicht an die zu leerenden Mülleimer denkst oder dein Kind nach dem nächsten Sachkundetest fragst. Fehlt das in eurem Alltag, frag dich als erstes: Was verbindet uns eigentlich noch? Welche Momente sind schön? Was machen wir gern gemeinsam? Vorlesen, puzzeln, Sportschau gucken? Was auch immer du entdeckst, sollte in eurem Wochenplan einen festen Platz bekommen, damit ihr euch nicht aus den Augen verliert.

Unpünktlichkeit: „Ich habe keine Ahnung, wie spät es ist!"

„Mein Kind hat Probleme mit Übergängen." ist einer der Sätze, die fast jede Beratungsfamilie zu mir sagt. Oft geht es dann um Kindergartenkinder, die morgens nicht in den Kindergarten wollen und nachmittags nicht nach Hause, die sich schwertun, das Kinderzimmer der Freundin zu verlassen, wenn sie abgeholt werden, oder abends damit zurechtzukommen, dass es in den Schlafanzug und ins Bett gehen soll. Im Grundschulalter bleibt das für manche Kinder weiterhin ein Problem. Und das zehrt an den elterlichen Nerven. Es wird aber nicht besser, wenn du Druck machst und erwartest, dass dein Kind das endlich allein hinbekommt. Mehr Nähe und Begleitung durch dich ist der sinnvolle Weg.

Egal, ob dein Kind den Übergang vom Spielen im Wohnzimmer zum Zähneputzen im Bad, vom Toben auf dem Spielplatz in den Bus und zum Zahnarzttermin oder den Übergang vom Kindergarten- zum Schulkind schaffen muss: Es muss sich an eine veränderte Situation anpassen, sich auf neue Menschen, neue Inhalte, neue Herausforderungen einstellen. Dass es das kann, ist eine Entwicklungsleistung.

Das muss es genauso lernen wie freies Gehen, und es ist genauso individuell wie bei den ersten Schritten, wann ein Kind dazu gut imstande ist.

Vor allem an Schultagen kann das eine echte Stresssituation werden, wenn dein Kind Schwierigkeiten damit hat, pünktlich den Übergang von zu Hause zur Schule anzutreten. Damit seid ihr wirklich nicht allein, darum sei ruhig offen der Schule gegenüber und bitte um Verständnis, aber auch um Mithilfe bei der Motivation, dass dein Kind es pünktlicher schafft.

Ansonsten helfen vor allem Geduld, Struktur und Brücken. Das hilft dann auch nachmittags, wenn es um Hobbys oder auch Arzttermine geht. Da gelten ja oft ähnliche Probleme. Morgens fällt es schwer wach zu werden, das gemütliche Bett zu verlassen und sich nicht auf den verlockenden Spielteppich zu setzen. Nachmittags stört meistens, dass dein Kind etwas unterbrechen muss, selbst wenn eine tolle Verabredung wartet.

Kinder brauchen eine ganze Weile, bis sich diese Flexibilität in ihnen ausgebildet hat. Im Kleinkindalter ist das noch extremer als jetzt, aber dein Grundschulkind benötigt oft noch Hilfe in diesem Bereich. Das Gute ist, dass du es mehr und mehr mit in die Verantwortung nehmen kannst: Tages- und Wochenplanung, wie oben beschrieben, kann helfen, aber auch jedes andere Ritual, das ihr finden könnt. Unliebsame Tätigkeiten wie der Wechsel vom Kinderzimmerspiel hin zu einer Unternehmung außer Haus fallen leichter, wenn es gewohnte Abläufe dafür gibt: Timer, die rechtzeitig piepsen, eine Stippvisite beim Bäcker immer auf dem Weg zum Turnen, ein Buch für die Fahrt mit dem Bus zur kinderärztlichen Praxis. Was fällt deinem Kind ein? Vergiss nicht, immer auch zu fragen.

So ist dein Kind beteiligt, hat Spielräume, Routinen, an denen es sich festhalten kann, und dich als beziehungsstarke Begleitung.

Wie geht das? Herausfordernde Übergänge werden leichter, wenn sie klarer werden und sich „wärmer“ anfühlen:

- Klärt gemeinsam, was alles gerichtet sein muss, damit dein Kind morgens loskann: Ranzen, Kleidung, Schulfrühstück, Getränke, Sportsachen, andere Dinge, die für die Pausen mitgenommen werden sollen – was noch? Muss dein Kind sich waschen? Zu Hause etwas essen? Vergesst das Zähneputzen nicht. Und denkt auch an Kuschelzeit, wenn das beim Aufstehen hilft. Anziehen, frühstücken und Zähne putzen sind in der Regel die gesetzten Aufgaben. Das Essen ist die einzige davon, die auch unterwegs funktioniert. Also startet mit dem Anziehen und der Zahnpflege. Wenn die Zeit nicht reicht, gibt es Essen auf die Hand.
- Was davon kann abends vorbereitet werden? Was muss morgens passieren? In welcher Reihenfolge? Plant alle Abläufe: Was ist deinem Kind wichtig und was dir? Denk auch an Aufwachkuscheln, Kleidung nochmal umplanen und mehr und macht ein Plakat daraus. Wenn dein Kind alles gemalt vor Augen hat, kann es sich vielleicht leichter daran halten.
- Klopf beim Planen der Abläufe die Bedürfnisse deines Kindes ab: Ein langsamer, kuscheliger Start in den Tag? Alleinzeit auf dem Spielteppich? Anziehhilfe durch dich? Was füllt seine Wohlfühltanks?
- Versuche auch ausreichend Zeit für alles einzuplanen: Ein Puffer ist oft mehr wert als etwas länger zu schlafen.
- Fürs Frühstück könnt ihr abends auch schon etwas vorbereiten und du kannst morgens einen Part übernehmen.
- Und dann macht gemeinsam einen Plan: Wofür bist du zuständig, wofür dein Kind? Welche Erinnerer braucht es? Zum Beispiel kann abends ein Timer ans Ranzenpacken und Kleidungauswählen erinnern, morgens einer an die Zeitfenster für Kuscheln vorm Aufstehen, Anziehen, Frühstück und Badezimmer. Die Kleidung kann an einem festen Platz bereitliegen.

- Kann dein Kind den Schulweg gemeinsam mit einem anderen gehen, sodass dein Kind abgeholt wird? Sowas ist hilfreicher sozialer Druck, um auch mal den inneren Schweinehund zu überwinden.
- Und wie bei Kindergartenkindern darf es auch für dein Grundschulkind noch Helferlein geben, die ihm wie eine Brücke vorkommen, um den einen Ort verlassen und den anderen bewältigungskräftig und gut erreichen zu können. Das kann ein kleiner Gegenstand von dir sein oder ein kleines Lieblingsspielzeug, ein Kuscheltier oder auch ein aufgemaltes Symbol auf der Kinderhand. Es kann ebenso ein Vorgang sein wie das gemeinsame Hüpfen über die Türschwelle, lustiges Abklatschen oder eine immer gleiche Melodie, die ihr anstimmt.

Wenn du dir wünschst, dass dein Kind lernt, morgens pünktlich aus dem Haus zu kommen, sein Brot selbst zu schmieren oder sein Müsli selbst anzurühren, die Spülmaschine einzuräumen, an wettergemäße Kleidung zu denken und den Rückgabezettel für die Klassenleitung nicht zu vergessen, dann sind das zu viele Ziele auf einmal. Das oberste Ziel sollte sein, dass dein Kind pünktlich das Haus verlässt und eure Beziehung dabei nicht kaputt geht.

Das bedeutet, andere Selbstständigkeitsziele solltest du mit deinem Kind zu anderen Zeitpunkten üben. Wenn es deinem Kind noch schwerfällt, sein Brot selbst zu schmieren, sich allein zu waschen oder anzuziehen, geh das mit ihm an, wenn ihr Ruhe habt: nachmittags, am Wochenende, in den Ferien. Ein Schritt nach dem nächsten.

Trotz all dieser Gedanken und Hilfen kann es passieren, dass die Morgen euer Dauernervthema bleiben. Ziehe spätestens dann die Schule hinzu, damit ihr gemeinsam checken könnt, ob ganz andere Probleme vorliegen als Müdigkeit und Gammellust

Mehr Spaß

In den Grundschuljahren verändert sich meist auch die freie Zeit deines Kindes deutlich. Vor der Einschulung war es noch sehr an dich gebunden und hatte eher Hobbys, die alle hatten, aber noch keine individuellen Leidenschaften. Spielen mit anderen fand fast immer unter Aufsicht und an immer wieder den gleichen Orten statt. Und die betreuten Zeiten waren auch von Spielen geprägt.

Nun ist dein Kind reifer. Es kann mehr ohne dich losziehen, wird immer wieder irgendwo spielen, ohne dass du ganz klar weißt, wo es gerade ist, und ohne, dass stets eine erwachsene Person draufschaut. Es wird neue Freundschaften schließen und dadurch neue Erfahrungen machen. Die Gleichaltrigen bringen häufig neuen Input mit: Manchmal ändert sich die Sprache, manchmal das Verhalten, oft aber auch die Interessen. *„Julian spielt Handball. Da will ich auch mal mitmachen."* oder *„Sveja führt dauernd den Hund der Nachbarn aus. Das ist so cool. Ich liebe Tiere!"* können der Anstoß dafür sein, dass auch dein Kind eine neue Leidenschaft entwickelt. Vielleicht übt es das neue Hobby mit einer Freundin aus, in einem Verein oder sogar tagelang in einer Ferienfreizeit.

Das ist eine tolle Chance, denn zum Ersten kann das ein guter Ausgleich zum schulischen Lernen und der dortigen Fremdbestimmung sein. Zum Zweiten kann dein Kind sein Selbstbild verfeinern, wenn es spürt *„Hey, ich bin ja Maler!"* oder *„Sport tut mir richtig gut!"* Und zum Dritten kann eine Leidenschaft dabei helfen zu lernen, bei Frust nicht so schnell aufzugeben.

Für den Alltag bedeutet das, dass dein Kind selbstständiger und von dir unabhängiger wird sowie teilweise zeitlich eingebundener ist. Das ist ein potenzieller Stressfaktor, den du im Auge haben solltest.

Wie geht das? Wenn es in eurer Familie zeitlich, örtlich und finanziell geht, schenk deinem Kind unbedingt Raum, um seiner Leidenschaft nachzugehen. Besorge nicht sofort die gesamte Ausstattung, wenn es im Hockeyclub startet oder Acrylfarben und Leinwände für sich entdeckt. Das würde am Ende nur wieder Druck machen, wenn das Hobby doch rascher an Reiz verliert als gedacht. Aber interessiere dich dafür.

Freizeitaktivitäten sind ein wichtiger Ausgleich zur Schule und zum intellektuellen Lernen. Darum sollten sie genauso wichtig sein. Wenn der Aufsatz, der Hausaufgabe war, einfach nicht fertig zu bekommen ist, verbiete deinem Kind aber nicht, sein Hobby auszuüben. Das würde dein Kind als Strafe empfinden, die das schulische Lernen nicht gerade attraktiver macht und eure Beziehungsstärke sicherlich verringert.

Immens wichtig ist auch unverplante Zeit. In der kann dein Kind seine neue Lesefähigkeit ausprobieren oder seiner neuen Leidenschaft nachgehen. Es kann aber auch einfach einen Freund treffen, ein Hörspiel hören, durch die Gegend stromern, mit dir etwas machen, für sich allein spielen oder sich langweilen. Alle Möglichkeiten sind gegeben. Es ist gut, wenn dein Kind das spüren kann. Manchmal ist das gar nicht so einfach und es wird dir mit der Frage „*Was soll ich denn machen?*" in den Ohren liegen. Dann halte das aus und gib ihm keine 25 Ideen mit, höchstens eine Anregung, das unangenehme Langeweilegefühl mit Bewegung zu bewältigen. Mit der Zeit wird es merken, dass echte Freizeit eine ziemlich gute Sache ist.

Du ermöglichst das Entdecken neuer Leidenschaften.

UNVERPLANTE ZEIT

Ist dein Kind unter der Woche ganztags in der Grundschule, bleibt am Rest des Tages nicht viel Raum für unverplante Zeit. Dann lass dafür am Wochenende Platz und erwarte nicht unbedingt jeden Samstag und Sonntag ein Familienidyll. Die Idee, Familienmitglieder müssten am Wochenende alles zusammen machen, wenn sie sich schon unter der Woche wenig sehen können, geht ganz oft nach hinten los, weil viel zu viele Erwartungen auf diesen Stunden liegen und sie eigentlich nur enttäuscht werden können. Hilfreicher ist es, sich aufzuteilen, Zeiten freizulassen, und dass zeitweise nur ein Elternteil mit dem Kind befasst ist. Das kann dann gemeinsame Zeit werden, die ihr spontan gestaltet, oder auch seine eigene unverplante Zeit, in der eine Bezugsperson greifbar ist.

KEINE ANGST VOR KRISEN

„Was mache ich denn, wenn …" – Deine Sorgen rund um die Grundschulzeit sind sicher schon ein ganzes Stück kleiner geworden, nachdem du dich damit beschäftigt hast, welche Entwicklungsaufgaben dein Kind in dieser Zeit hat und wie du sie gut begleiten kannst. Euch können aber auch individuellere Schwierigkeiten wie familiäre Veränderungen oder eine Lernstörung treffen. Für solche Fälle bekommst du nochmals beziehungsstarken Input an die Hand.

„Es kann so viel schiefgehen!" Ja, das stimmt. Aber es kann auch so viel rundlaufen. Räume nicht vorher alle Hürden aus dem Weg. Das geht auch gar nicht. Mit meinem Buch bist du nun schon gut vorbereitet, und Impulse für weitere schwierige Situationen kannst du im Folgenden noch nachschlagen.

Elterntrennung: „Ich bin ein Trennungskind!"

Eine besondere Herausforderung für Kinder ist die Trennung ihrer Eltern. Passiert das bei euch im Grundschulalter deines Kindes, benötigt es eine besondere Begleitung, damit es ihm seelisch, aber auch schulisch gut gehen kann. Eure Trennung ist im besten Fall nur eine kurzzeitige Belastung für das Kind, wenn ihr gut begleitend damit umgeht.

Wie geht das? Sucht gemeinsam das Gespräch mit dem Kind, um ihm von der Trennung zu erzählen. Gut ist ein Samstagmittag, denn dann habt ihr den Rest des Wochenendes Zeit, alle Gefühle zu begleiten und alle Fragen zu beantworten. Für das Gespräch ist Folgendes wichtig:

- Ehrlichkeit und kindgerechte Erklärungen – Lüg dein Kind nicht an. Besprecht als Eltern vorweg, was gesagt werden soll. Knüpfe an das an, was das Kind kennt: Gab es schon andere Trennungen im Umfeld? Eine zerbrochene Freundschaft, die helfen könnte, dass es veränderte Gefühle versteht?
- Lösende Konfliktführung – Haltet euch nicht mit Schuldfragen auf, sondern sucht zusammen Lösungen für die neue Situation. Manchmal benötigt man dazu mediatorische Hilfe. Die gibt es freiberuflich, aber auch in kirchlicher oder städtischer Trägerschaft.
- Zuverlässigkeit und Klarheit – Sich an Absprachen zu halten, ist gerade jetzt sehr wichtig für dein Kind. Kündige also nichts an, was noch nicht sicher ist. Sag, was sich ändern wird und möglichst klar, wie es dann geregelt sein wird. Lasst den Fokus aber besonders auf dem, was verbindend bleibt.

Im weiteren Alltag ist es am wichtigsten, dass du liebevoll handelst. Nur nette Worte reichen nicht aus. Halte die Beziehung so gut wie möglich aufrecht, auch wenn ihr euch nun weniger sehen solltet. Hast du mit dir selbst so viele Probleme, dass dir der Kontakt zu deinem Kind schwerfällt, such dir unbedingt Hilfe. Dein Kind braucht dich.

Außerdem ist es relevant im Auge zu behalten, dass dein Kind eben noch ein Kind ist:

- Übertrag ihm keine Pflichten, die in die Erwachsenenwelt gehören.
- Lass es von allem erzählen, auch von den Erlebnissen mit dem anderen Elternteil.
- Kläre Unklares direkt mit deinem Expartner oder deiner Expartnerin. Hier erinnere ich auch nochmal an die Möglichkeit einer Mediation.

- Wenn euch Erwachsenen das Gespräch erst einmal schwerfällt, nutzt ein Übergabetagebuch, in dem alles Wichtige notiert wird: Muss für einen Test gelernt werden? Gab es Streit mit einer Klassenkameradin? Spricht in der Schule gerade jeder über die neuen Sammelkarten? Das Tagebuch kann funktionieren wie ein abendliches Gespräch zweier Elternteile, die beide gern wissen möchten, was ihrem Kind gerade wichtig ist.

Auch die Schule sollten beide Elternteile im Blick haben. Ihr könnt eine Messengergruppe einrichten, in der nur Schulthemen Platz haben. Dann findet ihr alles wieder, wenn es ins nächste Gespräch mit einer Lehrkraft geht oder nur einer von euch zum Elternabend gehen konnte.

MITREDEN

Ein Trennungskind im Grundschulalter sollte auf jeden Fall einiges im neuen Alltag mitbestimmen dürfen. Dass es nach der Einschulung mit viel Fremdbestimmung auskommen muss, hast du schon gelesen. Eine Elterntrennung macht ähnliche Gefühle. Hol dein Kind da heraus und lass ihm Raum für Entscheidung rund um die neue Zimmereinrichtung oder auch die Termine für die Elternhauswechsel. Es kann nicht alles allein bestimmen, aber frag es und lass es mitargumentieren.

Ob es deinem Kind mit der Trennung gut geht und es alles gut bewältigen kann, musst du über die Zeit erspüren. Zeigt es Verhaltensauffälligkeiten oder eher Rückschritte in seiner Selbstständigkeitsentwicklung und Selbstsicherheit, kann es gut sein, dass es das Ganze nicht gut verarbeitet hat. Dann frag in eurer kinderärztlichen Praxis nach Adressen, bei denen ihr Hilfe bekommen könnt.

Möglicher Schulwechsel: „Ich fühle mich hier nicht wohl!"

Manchmal reichen die besten Bedingungen und die genauesten Überlegungen nicht aus: Dann stellt sich im Nachhinein heraus, dass die ausgewählte Schule doch nicht die richtige für dein Kind ist. Das kann an allem Möglichen liegen. Manchmal ist es die Gruppendynamik in der Klasse, manchmal die Klassenleitung, manchmal sind es auch die Schwerpunkte der Schule. Geht dein Kind jeden Tag mit Bauchweh zur Schule und du fühlst dich ähnlich unwohl, liegt das Nachdenken über einen möglichen Schulwechsel auf der Hand. So eine Entscheidung geht niemand leichtfertig an. Auch ihr solltet genau abwägen.

Wie geht das? Renn nicht gleich los und schau dir neue Schulen an, sondern sprich erstmal mit allen Beteiligten vor Ort. Das sollte die Klassenleitung sein, aber auch Direktorat, Sozialpädagoginnen oder der schulpsychologische Dienst können involviert werden, um das Problem genau zu definieren und alle Lösungsmöglichkeiten auszuloten. Kennst du die Ursachen für die ablehnenden Gefühle deines Kindes der Schule gegenüber nicht, kann es passieren, dass es ihm am neuen Ort schnell ähnlich schlecht gehen wird.

Erst, wenn die Situation richtig festgefahren erscheint und sich die Ursache für das Unwohlsein deines Kindes nicht vor Ort lösen lässt, bemühe dich um Kontakt zu alternativen Schulen und führe Gespräche. Schildere dabei immer möglichst genau, wie die Ausgangssituation ist, damit dein Kind im Falle eines Wechsels auf sensibilisierte Lehrpersonen treffen kann. Das ist keine einfache Flucht, sondern bewältigungskräftig.

Bezieh dein Kind viel mit ein, denn am Ende muss es ja den Schulmorgen schaffen und nicht du. Solange es ihm in der bisherigen Situation schlecht geht und noch kein Wechsel möglich ist, können auch Pausentage zu Hause angebracht sein. Kranktage zu Hause bedeuten nicht, dass ein Kind unbedingt Fieber haben muss, um Erholung bekommen zu dürfen.

In der Regel muss das Schulamt involviert werden und den Wechsel genehmigen. Alle Informationen dazu solltest du bei der neuen Schule oder auf der Homepage eurer Heimatgemeinde bekommen.

Zwingender Schulwechsel: „Hilfe, wir ziehen um!"

Durch einen Umzug wird ein Schulwechsel leider manchmal notwendig. Dein Kind benötigt dann Begleitung beim Abschiednehmen am alten Ort und beim Ankommen am neuen.

Wie geht das? Überlegt gemeinsam, ob dein Kind einen kleinen oder großen Abschied möchte:

- Soll es eine Schulstunde mit mitgebrachtem Kuchen oder lieber eine Party zu Hause geben?
- Sollen alle in der Klasse in ein Freundebuch schreiben und die Lehrkräfte Abschiedspost bekommen, oder ist das deinem Kind viel zu viel?
- Darf die beste Freundin vor dem Umzug noch mehrfach zum Übernachten kommen oder mit auf einen Ausflug? Kann der beste Kumpel den neuen Ort gleich mit besuchen?
- Könnt ihr ein Fotoalbum gestalten, das alle Freundinnen und Freunde bekommen?
- Kann dein Kind jetzt schon Termine ausmachen für regelmäßige Videocalls mit seinen Freunden und Freundinnen?
- Kann es für ein langes Wochenende zurückkommen und am nächsten Klassenausflug teilnehmen?

Wichtig ist, dass dein Kind entscheidet, was es machen mag und dass es aktiv mit Abschiedsschmerz umgehen darf, wenn es das möchte.

Am neuen Ort ist wieder beziehungsstarke Begleitung gefragt:

- Wie viel Unterstützung braucht dein Kind, um in der neuen Schule anzukommen?
- Solltest du mitgehen?
- Sollte die Schule ein Patenkind finden, das deines an den ersten Schulmorgen begleitet und vorher schon mal zu euch nach Hause kommt?

Sorg auch für viele Gesprächsmöglichkeiten in den ersten Wochen, damit du merken kannst, wie es deinem Kind geht. Hörst du aus der neuen Schule, dass dein Kind die Klasse intensiv stört, ist das ein Warnzeichen, dass es nicht gut angekommen ist. Dann sind keine Strafen angesagt, sondern noch mehr Hilfe beim Ankommen. Hier ist es meist gut, mit der Klassenleitung oder auch sozialpädagogischen Helfer vor Ort Kontakt aufzunehmen, damit sie dein Kind besser dabei begleiten können, sich in der bestehenden Gruppe einzufinden.

AD(H)S: „Ich kann einfach nicht bei der einen Sache bleiben!"

Unkonzentrierte, motorisch eher unruhige Kinder sind manchmal einfach nur sehr wilde, lebendige Kinder, denen intellektuelles Lernen am Tisch nicht besonders leichtfällt. Manchmal steckt auch mehr dahinter, zum Beispiel eine AD(H)S, also eine Störung der Aufmerksamkeit oder der Aktivität, die das Konzentrieren nahezu unmöglich macht. Die Laiendiagnose wird viel zu häufig gestellt, wenn ein Kind nicht ins Raster passt. Den Gedanken einfach nur zu verwerfen, wird dem Thema aber auch nicht gerecht.

Wird bei deinem Kind etwas in der Richtung vermutet und spricht dich eine Lehrkraft darauf an, klopfe den Verdacht genau ab, um nichts zu übersehen.

Wie geht das? Wende dich zuerst an eure kinderärztliche Praxis. Dort wird es eine erste Einschätzung geben, ob Diagnostik angebracht ist und was in eurer Stadt eine gute Anlaufstelle dafür ist. Die Diagnostik macht manchen Kindern Spaß, andere finden sie anstrengend und unangenehm. Wichtig ist deine Begleitung: Es geht nicht darum herauszufinden, ob dein Kind einen Mangel hat, sondern ob es anders verarbeitet als andere. Du kannst ihm erklären, dass es zum Beispiel wie beim Sehen ist: Manche Menschen können das wunderbar, andere benötigen eine Brille. Alle sind gleichwertig und haben gleiche Chancen.

Nach der Diagnostik habt ihr die Chance auf Erleichterung: Entweder seht ihr, dass keine AD(H)S vorliegt und könnt nach anderen Ursachen forschen, oder ihr wisst, dass der Verdacht richtig war, und könnt entsprechende Hilfe bekommen. Inzwischen gibt es viele therapeutische, alltagstaugliche und auch medikamentöse Hilfsmöglichkeiten, und ein Kind, das auf einmal sagt, es kann plötzlich so viel besser auf seine Umwelt achtgeben, ist eine wirklich schöne Erfahrung.

Was genau dein Kind im Falle der Diagnose von dir in der elterlichen Begleitung braucht und wie die Schule zukünftig mit ihm umgehen sollte, wird dir im Rahmen der Gespräche in der diagnostizierenden Praxis mitgegeben. Das würde an dieser Stelle zu weit führen.

Lese- und Rechtschreibschwäche: „Ich kann mir nicht merken, wie ich das schreiben soll!"

Schreiben und Rechtschreiben sind für viele Kinder lästige Themen. Sind die Leistungen in diesem Bereich und auch insgesamt in allen Fächern, in denen gelesen und geschrieben werden muss, sehr schlecht, wird die Lehrkraft für Deutsch zu einer Testung raten. Manchmal wird das aber auch übersehen. Dann hör auf dein Bauchgefühl und kümmere dich eigenständig um die Abklärung. Hinter den Problemen kann Verschiedenes stecken. Eine Diagnostik zieht alles in Betracht, beispielsweise psychische Belastungen, intellektuelle Einschränkungen oder auch eine Sehschwäche.

Wie geht das? Wieder führt der Weg über die kinderärztliche Praxis, die euch in eine kinder- und jugendpsychiatrische Praxis weiterschicken wird. In den Beratungsgesprächen nach einer möglichen Diagnosestellung wirst du nicht nur Empfehlungen für Übungsmaterial an die Hand bekommen, sondern auch dazu, auf welche Art dein Kind am besten üben kann. Ohne eine durchdachte, individuell passende Strategie ist alles Üben nämlich kaum hilfreich.

Deine Haltung sollte voller Zutrauen sein. Sag deinem Kind, dass du an seine Möglichkeiten glaubst und ihm helfen möchtest. Seine Lernschwierigkeit ist kein Versagen, sondern einfach eine Andersartigkeit. So wie sein Freund erst mit 7 Jahren Fahrrad fahren konnte und dein Kind selbst schon mit 4. Das gleiche gilt für Dyskalkulie, also eine Rechenschwäche.

Weiterführende Schulen: „Wo soll ich denn hin?"

Im Grunde umfasst die Grundschule vier Jahre Kindheit und damit eine Zeit, die voll mit Spiel, Spaß und auch Entwicklungsschritten stecken sollte. Ich habe dir geraten, immer sehr im Augenblick zu sein: Wie geht es deinem Kind aktuell? Was braucht eure Beziehung jetzt? Welche Unterstützung benötigt es gerade? Leider reicht das nicht in allen Themenbereichen aus, denn Ernst und große Entscheidungen klopfen auch an. Je nach Wohnort dreht sich in Klasse 4 und teilweise schon am Ende von Klasse 3 alles um die Noten und die Empfehlungen für die weitere Schullaufbahn. Erneut besteht die Gefahr, dass Sorgen und Druck so groß werden, dass sie eure Beziehung belasten. Aus dem Karussell auszusteigen, das andere Eltern um dich herum rasch anstoßen, ist nicht immer leicht: *„Es geht doch um den späteren Schulabschluss, ums ganze Leben eigentlich!"*

Naja. Ja und nein. Lieber mal ein bisschen langsam ist eine gute Idee. Bleib beim Blick auf dein Kind. Kein Abitur nach acht Jahren ist es wert, dass ihr dauernd streitet, dein Kind bis abends an Aufgaben sitzt und am Ende doch mit Überforderung und Frust spüren muss, dass der eingeschlagene Weg nicht der richtige ist.

Viele Wege führen nach Rom beziehungsweise zum Schulabschluss. Dein Kind darf ruhig den langen ohne Steilwand wählen. Und Venedig ist auch ganz nett – muss es immer Rom sein? Lass dein Kind seine Grundschule meistern und schau gemeinsam mit den Lehrkräften hin, welche Potenziale es jetzt hat. Notendruck bringt nichts. Achte auch auf dein Bauchgefühl und sprich mit verschiedenen Menschen über unsichere Gedanken zur Schulwahl, aber press dein Kind nicht in nur eine mögliche Form.

Der wichtigste Begriff für dich heißt *begabungsgerecht:*

- Benötigt dein Kind eine Schule, die es in seiner guten intellektuellen Begabung intensiv fördert?
- Oder sollte es eine Schule sein, die dein Kind bei Handicaps und Schwächen gut fördert?

Begabungsgerecht ist eine Schule, die dein Kind nicht unter- und nicht überfordert. Jetzt im Moment. Das kann später wieder anders sein und einen Schulwechsel notwendig machen. Aber das Jetzt entscheidet. Dein Kind sollte sie jetzt bewältigen können.

Wenn ihr euch für eine begabungsgerechte Schulform entschieden habt, gibt es eventuell immer noch mehrere dieser Schularten vor Ort. Die Auswahl der passenden Schule könnt ihr ähnlich betreiben wie bei der Grundschulsuche.

Wie geht das? Besucht Sommerfest, Tag der offenen Tür, Theaterabend oder Basar, taucht in die Atmosphäre ein und sprecht wieder mit den Kindern und Eltern vor Ort, um einen realistischen Eindruck zu bekommen. Manchmal erfährt man so auch spannende Details, die auf keiner Homepage stehen. Vielleicht laufen ständig Lehrkräfte weg, weil die Arbeitsbedingungen schwierig sind, oder die Schule bietet Schwimmförderung an, sodass ihr euch den Schwimmkurs sparen könnt. Sammelt Pros und Kontras und entscheidet miteinander. Wo die Freunde und Freundinnen deines Kindes hingehen oder wie lang der Schulweg ist, hat ebenso eine Bedeutung wie ein möglicher sprachlicher oder mathematischer Schwerpunkt. Aber jedes Argument könnt ihr nur gemeinsam gewichten.

Für den bevorstehenden Wechsel kannst du dann nochmal zurückblättern zum Kapitel „Abschied und Vorfreude“ ab S. 40 und dein Kind wie auch schon bei der Einschulung dabei begleiten, den alten Ort und die Menschen dort zu verabschieden und am neuen gut anzukommen, wenn dein Kind Abschiedsrituale braucht. Manche Viertklässler lieben es, ein Klassenshirt zu drucken, das Freundebuch ausfüllen zu lassen und Überraschungen für die Klassenleitung zu planen. Andere sind irgendwie froh, dass die Zeit vorbeigeht und brauchen gar nicht viele Rituale.

Vorpubertät: „Ich bin einfach cooler als ihr!“

Die Pubertät bricht bis auf wenige Ausnahmen noch nicht in der Grundschulzeit aus, aber die Vorpubertät meldet sich. Du bemerkst nicht nur einen geistigen Unterschied zwischen deinem Erstklässlerkind und seinem Kindergarten-Ich, sondern auch noch einmal während der Grundschulzeit. Ab etwa 8 oder 9 Jahren kann dein Kind noch logischer denken und reflektierter Entscheidungen treffen, wird aber möglicherweise nochmal ein Stückchen cooler und eigenständiger werden. Vielleicht nutzt es endlich seinen eigenen Schreibtisch im Kinderzimmer, während es vorher eigentlich immer noch am liebsten im Esszimmer saß und in deiner Nähe war. Oder es will mehr und mehr über sein Essen, seine Kleidung oder seine Freizeit bestimmen und lehnt deine Hilfe stärker ab.

Das bedeutet überhaupt nicht, dass du etwas falsch gemacht hast oder irgendetwas Schlimmes los ist. Fühl dich einfach nur willkommen in einer weiteren neuen Lebensphase. Wie auch zu Eltern von Teenies möchte ich dir sagen: Dein Kind geht nicht von dir weg, es geht zu sich hin. Und zum Glück redet es jetzt meist noch wirklich gern und viel mit dir und verbringt seine Zeit oft mit der Familie. Das ist deine Chance, in guter Beziehung zu ihm zu bleiben und es auf seinem neu eingeschlagenen Weg zu verstehen.

Versuche, gut mit ihm Schritt zu halten.

Wie geht das? Lass deinem Kind seine Coolness und seine Freiräume. Das bedeutet, dass du dich immer mehr zurückziehen darfst und deinem Kind Entscheidungen ermöglichst: duschen ja, aber mittags oder abends entscheidet dein Kind. Lernen für den Test ja, aber wie ausführlich entscheidet dein Kind – und darf damit auch mal auf die Nase fallen, bevor du dich wieder mehr einbringst. Nur so kann es lernen, nach und nach Verantwortung zu übernehmen.

Aber achte darauf, dass auch eure Verbindung stark bleibt: Zeit für Gespräche und Zuhören, Fragen nach seinen Interessen und lösungssuchendes Streiten mit vielen Kompromissen bleiben deine Superkräfte. Gerade das Eintauchen in die Interessenswelten deines Kindes können euch nachhaltig verbinden, auch wenn dir die Themen wirklich schwerfallen. Und – ganz wichtig: Überleg dir jedes Nein wirklich gut. Denn jedes Nein verringert die Kraft deines Kindes, mit dir zu kooperieren und gut auf dich einzugehen. In der Vorpubertät darf es nach und nach lockerer zugehen und du solltest immer mal wieder auch aus deiner Komfortzone kommen, wenn du Dinge erlaubst. Das ist eine gute Übung für die weiteren Jugendjahre.

Das alles macht eure Beziehungsstärke aus, aber auch den Selbstwert deines Kindes: *„Ich werde gesehen. Ich werde geliebt.“*

NACHWORT

Keine Note sagt etwas darüber aus, wie gut es deinem Kind geht oder wie eng eure familiären Bande sind. Eure Gefühle miteinander sind das entscheidende Merkmal: Fühlt ihr euch beziehungsstark und seid ein gutes Team? Erlebst du dein Kind als bewältigungskräftig, weil du es begleitest, ihm viel zutraust und es stärkst? Das ist die Basis, die dein Grundschulkind braucht.

Es kommen so viel mehr Einflüsse von außen, wenn du ein Schulkind hast. Denk bei allem an den Anfang des Buches: Ohne Beziehung ist alles nichts. Dass ihr im Miteinander seid, ist die Grundlage dafür, dass dein Kind seinen Entwicklungsweg gut gehen kann, egal ob es um die Ausbildung von Empathie oder Mathekompetenzen geht. Damit das Teamgefühl zwischen euch stark bleibt, beherzige die folgenden Worte:

Nimm dein Kind ernst.
Fühl mit, wie es ihm geht.
Lass es auch mitfühlen, wie es dir geht.
Schenk ihm Sicherheit.
Mach seine Lernfreude nicht kaputt.
Sei ehrlich zu deinem Kind.
Trau ihm Bewältigungskraft und Wachsen zu.
Frag dein Kind nach seiner Meinung.

Steckst du fest zwischen deinen Wünschen, Zielen, mangelnden Ressourcen und einem schwierigen Alltag? Hast du das Gefühl, eure Beziehung hat einen Knacks und ihr seid gar nicht mehr gut im Miteinander? Bemerkst du, dass alle Impulse aus dem Buch ins Leere laufen, weil irgendwo ein Knoten ist, den du selbst nicht aufbekommen kannst? Dann such dir Hilfe vor Ort: Eine individuelle Erziehungsberatung kann dich und euer Familiensystem sehen und Knoten lösen. Dort wirst du auch weitergeschickt werden, wenn ihr mehr Unterstützung braucht wie zum Beispiel Lern- oder Ergotherapie. Du bist nicht allein. Du darfst auch beziehungsstark und bewältigungskräftig sein, indem du Hilfe in Anspruch nimmst.

DANKSAGUNG

Ich möchte einer ganzen Reihe Lehrkräfte danken, die meine eigenen Kinder begleitet haben und zu ihrer Beziehungsstärke und Bewältigungskraft beitragen konnten, weil ihnen die kleinen Menschen wichtiger waren als Lehrpläne und Noten. Mein besonderer Dank geht an Sandra Groß, Katrin Adams, Heidi Hauser-Nagel, Frau Ostertag, Sabine von Braun, Frau Ziemer, Marion Kölling, Karlheinz Kost, Christiane Koban-Müller, Anette Niefindt-Umlauff und ganz besonders Vera Strittmatter.

Außerdem danke ich Dagmar Glasner, Krisse Alex, Rebecca Ehlers, Melanie Asche sowie ganz besonders meiner Mama, meiner restlichen Familie und Mark Wachsmann für beziehungsstarke und bewältigungskräftige Begleitung in allen herausfordernden Zeiten.

Und ich sage Danke an meine Korrektorin Miriam Buchmann sowie an meine Lektorin Katharina Spangler, die mir gezeigt hat, wie wertvoll Lektoratsarbeit ist und ohne deren Zutun meine Bücher nur halb so schön wären.

Das Buch ist für Philipp, Lotti, Levi, Patrick, Nat und Jan.

HILFREICHE BÜCHER

Bücher über kindliche Entwicklung:

„Das gewünschteste Wunschkind aller Zeiten treibt mich in den Wahnsinn: Gelassen durch die Jahre 5 bis 10“, Danielle Graf und Katja Seide, Beltz 2018.

„Die Wackelzahn-Pubertät: Gelassen durch die 6-Jahres-Phase“, Laura Fröhlich, humboldt 2020.

Bücher über die erzieherische Haltung

„Nicht zu streng, nicht zu eng“, Inke Hummel, humboldt 2022.

„Meine Grenze ist dein Halt“, Nora Imlau, Beltz 2022.

„Vom Müssen zum Wollen“, Inke Hummel, humboldt 2025.

Bücher über bessere Beziehungen zum Kind

„Kinder lieben, auch wenn’s schwierig wird“, Dr. Oliver Dierssen, Goldmann 2025.

„Miteinander sprechen – miteinander wachsen“, Hilal Virit, humboldt 2022.

Bücher über herausfordernde Themen

„Klär mich auf: 101 echte Kinderfragen rund um ein aufregendes Thema“, Katharina von der Gathen, Klett 2014.

„Sex ist wie Brokkoli, nur anders – Ein Aufklärungsbuch für die ganze Familie: Auch mit Tipps für eine erfüllte Partnerschaft“, Carsten Müller, EMF Verlag 2020.

„Begleiten statt verbieten: Als Familie kompetent und sicher in die digitale Welt“, Leonie Lutz und Anika Osthoff, Kösel 2022.

„Machtgeschichten“, Anne Sophie Winkelmann, edition claus Verlag 3. Edition 2022.

„Wenn die Pause zur Hölle wird: Wie du dich gegen Mobbing stärkst und Selbstvertrauen gewinnst“, Norman Wolf, mvg Verlag 2021.

„Clever lernen“, Stefanie Rietzler und Fabian Grolimund, hogrefe 2018.

„Lotte, träumst du schon wieder?“, Stefanie Rietzler und Fabian Grolimund, hogrefe 2020.

„Mein Kind hat ADHS: Wie ihr im Alltag klarkommt und gemeinsam glücklich werdet. Die besten Alltagsstrategien für zu Hause, die Schule und alle üblichen Stresssituationen“, Heike Hahn, humboldt 2021.

„Dein Kind isst besser, als du denkst! Warum Eltern dem inneren Ernährungskompass vertrauen können – Das confidimus-Prinzip“, Katharina Fantl und Julia Litschko, Kösel 2021.

„Deine Angst, meine Angst“, Inke Hummel, humboldt 2024.

Bibliografische Information der Deutschen Nationalbibliothek
Die Deutsche Nationalbibliothek verzeichnet diese Publikation in der deutschen Nationalbibliografie; detaillierte bibliografische Daten sind im Internet über https://dnb.de abrufbar.

ISBN 978-3-8426-1717-9 (Print)
ISBN 978-3-8426-1718-6 (PDF)
ISBN 978-3-8426-1719-3 (EPUB)

2. Auflage

Die Ratgebermarke der Schlütersche Fachmedien GmbH
Hans-Böckler-Allee 7, 30173 Hannover
www.humboldt.de
www.schluetersche.de

Lektorat: Katharina Spangler, Neumarkt i.d.OPf.
Korrektorat: Miriam Buchmann, Hannover
Covergestaltung: ZERO, München
Covermotiv: stock.adobe.com – photophonie
Glühbirnenmuster: stock.adobe.com/Oksana
Satz: PER MEDIEN & MARKETING GmbH, Braunschweig
Druck und Bindung: gutenberg beuys feindruckerei GmbH, Langenhagen